物流管理系列实验教材

# 物流自动化与信息化管理实验教程

薄洪光　主编

科学出版社
北　京

# 内 容 简 介

《物流自动化与信息化管理实验教程》属辽宁省普通高等学校转型发展示范专业规划教材。本书中的实验设计主要是针对企业物流管理各个环节全过程的自动化和信息化管理内容,重点突出了装备制造业生产与供应链管理特色,有助于学生掌握制造业物流自动化和信息化管理方面的应用知识和实践技能。

本书可作为普通高等院校、高职院校物流管理或物流工程专业实验实践教学用书,也可作为装备制造业及物流行业与相关从业人员参考用书。

---

**图书在版编目(CIP)数据**

物流自动化与信息化管理实验教程 / 薄洪光主编. —北京:科学出版社,2018.4

物流管理系列实验教材

ISBN 978-7-03-057056-7

Ⅰ. ①物… Ⅱ. ①薄… Ⅲ. ①物流–自动化系统–实验–高等学校–教材 ②物流–信息管理–管理信息系统–实验–高等学校–教材 Ⅳ. ①F253.9-33

中国版本图书馆 CIP 数据核字(2018)第 056833 号

责任编辑:郝　静 / 责任校对:彭珍珍
责任印制:张　伟 / 封面设计:蓝正设计

---

*科学出版社*出版
北京东黄城根北街 16 号
邮政编码:100717
http://www.sciencep.com

**北京厚诚则铭印刷科技有限公司** 印刷
科学出版社发行　各地新华书店经销

\*

2018 年 4 月第 一 版　开本:787×1092　1/16
2023 年 1 月第二次印刷　印张:8
字数:190 000
**定价:42.00 元**
(如有印装质量问题,我社负责调换)

# 目 录

## 第 1 章 现代物流 ... 1
- 1.1 物流概念的产生与发展 ... 1
- 1.2 现代物流的定义 ... 2
- 1.3 传统物流与现代物流的区别 ... 2
- 1.4 现代物流管理 ... 3
- 1.5 现代物流的发展趋势 ... 3

## 第 2 章 物流信息化 ... 5
- 2.1 物流信息化的概念 ... 5
- 2.2 物流信息化的特点 ... 7
- 2.3 物流信息化的需求和问题 ... 8
- 2.4 物流信息化建设的基础 ... 12

## 第 3 章 物流信息系统 ... 16
- 3.1 物流过程信息采集技术及应用 ... 16
- 3.2 物流的信息化管理系统内涵 ... 20

## 第 4 章 ERP 系统的功能模型与实现架构 ... 26
- 4.1 ERP 总体模块框架 ... 26
- 4.2 ERP 系统主要业务功能 ... 27

## 第 5 章 MES 的功能模型与实现架构 ... 32
- 5.1 MES 与企业其他管理信息系统的关系分析 ... 32
- 5.2 MES 总体模块框架 ... 32
- 5.3 MES 应用系统的主要业务功能 ... 33

## 第 6 章 企业信息化仿真实验 ... 37
- 实验一 MRP 仿真实验 ... 37
- 实验二 CRP 仿真实验 ... 43
- 实验三 粗能力需求计划仿真实验 ... 51
- 实验四 生产任务管理仿真实验 ... 60
- 实验五 库存管理仿真实验 ... 76
- 实验六 质量管理仿真实验 ... 82

## 参考文献 ... 88

## 附录（实验报告模板） ... 89

# 第1章 现 代 物 流

## 1.1 物流概念的产生与发展

物流（physical distribution）是现代市场经济中的新概念，由于它对商务活动的影响日益明显而越来越引起人们的注意。物流一词最早出现于美国，1915年，阿奇·萧在《市场流通中的若干问题》一书中就提到"物流"一词，并指出"物流是与创造需求不同的一个问题"。因为在21世纪初，西方一些国家已出现生产大量过剩、需求严重不足的经济危机，企业因此提出了销售和物流的问题，此时的物流是指销售过程中的物流。

在第二次世界大战中，围绕战争供应，美国军队建立了后勤（logistics）理论，并将其用于战争活动中。其中，所提出的后勤是指将战时物资生产、采购、运输和配给等活动作为一个整体进行统一布置，以求战略物资补给的费用更低、速度更快、服务更好。后来，"后勤"一词在企业中广泛应用，又有商业后勤、流通后勤的提法，这时的后勤包含了生产过程和流通过程的物流，因而是一个包含范围更广泛的物流概念。

因此，物流概念从1915年提出起，经过70多年的时间才有定论，现在欧美国家把物流称作"logistics"的多于称作"physical distribution"的。现在的物流（logistics）概念包含生产领域的原材料采购、生产过程中的物料搬运与厂内物流和流通过程中的物流或销售物流［即传统物流（physical distribution）］，可见其外延更为广泛。

日本的物流概念是1956年直接从physical distribution翻译而来，1956年，日本派团考察美国的流通技术，引进了物流概念。到了20世纪70年代，日本已成为世界上物流最发达的国家之一。

物流概念主要通过两条途径从国外传入我国，一条途径是在20世纪80年代初随"市场营销"理论的引入而从欧美传入，因为在欧美的所有市场营销教科书中，都毫无例外地要介绍"physical distribution"，这两个单词直译为中文即"实体分配"或"实物流通"，我们普遍接受"实体分配"的译法。"实体分配"是指商品实体从供给者向需求者进行的物理性移动；另一条途径是"physical distribution"从欧美传入日本，日本人将其译为日文"物流"，20世纪80年代初，我国从日本直接引入"物流"这一概念至今。

在物流概念传入我国之前，我国实际上一直存在物流活动，即运输、保管、包装、装卸和流通加工等物流活动，其中主要是存储运输即储运活动。我国的物流业基本上是我国的储运业，但物流与储运两者并不完全相同，主要差别在于：①物流比储运所包含的内容更广泛，一般认为物流包括运输、保管、配送、包装、装卸、流通加工及相关信息活动，而储运仅是指储存和运输两个环节，虽然其中也涉及包装、装卸、流通加工及相关信息活动，但这些活动并不包含在储运概念之中；②物流强调诸活动的系统化，从而达到物流活动的整体最优化，储运概念则不涉及存储与运输及其他活动整体的系统化和最优化问题。

## 1.2 现代物流的定义

传统的物流观念只重视商品的供应过程，而忽视了与生产有关的原材料和部件的调达物流，而现代物流在增强企业的竞争力方面发挥着很重要的作用：首先，原材料及部件的调度直接关系生产的效率、成本和创新，如日本丰田汽车公司的生产管理首先从原材料和部件生产、调达入手；其次，传统的物流是一种单向的物质流通过程，即商品从生产者手中转移到消费者手中，而没有考虑商品消费之后包装物或包装材料等废弃物品的回收及退货所产生的物流活动；最后，传统物流只是生产销售活动的附属行为，并着重在物质商品的传递，从而忽视了物流对生产和销售在战略上的能动作用，特别是以日本为主的"just-in-time"（准时化生产）生产管理体系在世界范围内的推广，使以时间为中心的竞争更加重要，并且物流行为直接决定了生产决策。

1984年，美国物流管理协会[①]正式将物流这个概念从"physical distribution"改为"logistics"，并将现代物流定义为"为了符合顾客的需求，将原材料、半成品、完成品及相关信息从发生地向消费地流动的过程，以及为使保管能有效、低成本地进行而从事的计划、实施和控制行为"。该定义强调顾客满意度、物流活动的效率性，以及将物流从原来的销售物流扩展到了调达、企业内和销售物流，此后，物流的概念又不断得到进一步的发展。1991年11月在荷兰举行的第九届物流国际会议上，人们对物流的内涵进行了更多的拓展，不仅接受了欧美的现代物流概念"logistics"，认为物流应包括生产前和生产过程中的物质、信息流通过程，而且还向生产之后的市场营销活动、售后服务和市场组织等领域发展。2003年，美国物流协会对物流定义进行了重新修订："供应链流程的一部分，是对货物、服务及相关信息从起源地到消费地的有效率、有效益的正向和反向流动与储存进行的计划、执行和控制，以满足顾客需求"。社会经济领域中的物流活动无处不在，各个领域的物流，虽然其基本要素都存在且相同，但由于物流对象不同，物流目的不同，物流范围、范畴不同，形成了不同的物流类型。在对物流的分类标准方面目前还没有统一的看法，主要的分类方法有以下三种，即宏观物流和微观物流、社会物流和企业物流、国际物流和区域物流。

## 1.3 传统物流与现代物流的区别

传统物流主要侧重于商品物质移动的各项机能，即发生在商品流通领域中的在一定劳动组织条件下凭借载体从供应方向需求方的商品实体定向移动，是在流通的两个阶段（G—W，即货币购买商品；W—G，即商品售卖出去）上发生的所有商品实体的实际流动。显然，这种物流是一种商业物流或销售物流，是连接生产与消费的手段，只在接受商品交换时才会出现。现代物流的特征表现为：①现代物流以实现顾客满意为第一目标；②现代物流着重整个流通的商品运动；③现代物流以企业整体最优为目的；④现代物流重视效率但

---

[①] 美国物流管理协会在2005年初更名为美国供应链管理专业协会。

更重视效果；⑤现代物流是一种以信息为中心，实需对应型的商品供应体系；⑥现代物流是对商品运动的一体化管理。

## 1.4 现代物流管理

现代物流管理是指在社会再生产过程中，根据物质资料实体流动的规律，应用管理的基本原理和科学方法，对物流活动进行计划、组织、指挥、协调、控制和监督，使各项物流活动实现最佳的协调与配合，以降低物流成本，提高物流效率和经济效益。

物流管理的内容包括：

1）对物流活动诸环节的管理，包括运输、储存信息、物料搬运和包装及配送等环节的管理。

2）对物流系统诸要素的管理，即对其中人、财、物、设备、方法和信息六大要素的管理。

3）对物流活动中具体职能的管理，主要包括物流计划、质量、技术和经济等职能的管理等。

物流管理解决的基本问题，简单地说，是把合适的产品，以合适的价格和数量，在合适的时间和地点，提供给顾客。英文中常用五个"right"表示，即正确的产品（right product）、正确的地点（right place）、正确的数量（right quantity）、正确的时间（right time）、正确的价格（right price）。实施物流管理的目的，是要在尽可能最低的总成本条件下实现既定的客户服务水平，即"寻求服务优势和成本优势的一种平衡"并由此创造企业在竞争中的核心竞争力和战略优势。

## 1.5 现代物流的发展趋势

随着世界经济和现代科技的不断发展，短短几十年，物流已由最初概念的形成、发展和不断完善，在全球迅速成长为具有无限潜力、具有连续性的提高服务价值的服务。但当货主找到这样的潜在合作伙伴时，又不愿与这些物流合作伙伴建立长期密切的关系，因此，货主公司首先要打破自己设立的障碍，与物流合作伙伴共担风险，共同实现目标。现代物流业发展方向主要分为三种。

### 1.5.1 物流一体化的方向

物流一体化是以物流系统为核心的由生产企业出发，经由物流企业、销售企业，直至消费者供应链的整体化和系统化，是指物流业发展的高级和成熟阶段。其发展可进一步分为三个层次，即物流自身一体化、微观物流一体化和宏观物流一体化。物流自身一体化是指物流系统的观念逐渐确立，运输仓储和其他物流要素趋向一体化；微观物流一体化是指市场主体企业将物流提高到企业战略的地位，并出现了以物流战略作为纽带的企业联盟；宏观物流一体化是指物流业发展到如下水平，即物流业占国民生产总值的一定比例，处于社会经济生活的主导地位,其使跨国公司从内部职能专业化和国际分工程度的提高中获得规模经济效益。20世纪80年代,西方发达国家(如美国、法国和德国等)提出了物流一体化的现代理论,应用和指导其物流发展取得了明显效果,使其生产商、供应商和销售商均获得了显著的经济效益。美国20世纪80年代至20世纪末的经济繁荣期与其格外重视物流一体化的理论研究与实践、加强供应链管理、提高社会生产的物流效率和物流水平密切相关。亚太物流联盟主席、澳大利亚著名的物流专家David Rogers指出,物流一体化是利用物流管理,使产品在有效的供应链内迅速移动,使参与各方都能获益,使整个社会获得明显的经济效益。

### 1.5.2 专业的"第三方物流"的发展趋势

"第三方物流"是根据供应商或销售商的委托,由供应商和销售商以外的第三方负责对物流的中间环节进行有效管理,提供从原材料供应到最终产品销售之间全方位的物流服务,是一种综合性物流中心。

### 1.5.3 信息化趋势

借助于商品代码、数据库的建立和现代信息技术的应用,在运输网络合理化和销售网络系统化的基础上,整个物流系统实现管理电子化,物流业进入以网络技术和电子商务为代表的信息化新阶段。

# 第 2 章 物流信息化

20 世纪 70 年代以来，世界经济迎来了以信息技术、新材料技术、新能源技术和空间技术等为标志的技术革命的全面发展阶段。这些新技术的广泛应用，推动了世界经济由工业化向信息化的转变。自 80 年代开始，信息化的浪潮越来越高，电子计算机技术的迅速发展，多媒体技术的广泛应用，光纤通信技术的普及推广，"无所不能"的互联网络的出现，以至美国"信息高速公路"计划的提出等，都体现出信息化的影子。信息技术的发展使信息交换超越了时间和空间间隔，信息技术的"时空压缩效应"使生产和贸易走向全球化。

全球化又引起了许多因素发生变化，如贸易范围无形中被扩大、贸易伙伴大量涌现和客户信息变得大量而繁杂等，特别是新型贸易方式电子商务的出现，迫使企业不得不建立有效的物流系统，以便高效地将商品配送给客户，最大限度地满足客户需求。而这种高效的物流系统以物流信息化为前提，信息化已经成为建设现代物流的核心因素。

## 2.1 物流信息化的概念

### 2.1.1 物流信息化的内涵

从字面上理解，物流信息化是物流的信息化。物流是指物品从供应地向接收地的实体流动过程。根据实际需要，将运输、储存、装卸、搬运、包装、流通加工、配送和信息处理等基本功能实施有机结合。

物流的对象包括有形的实物、无形的信息或服务和人。物流是一个过程，一个始于原材料采购，经过生产、销售最终将物品交到消费者手中的过程，其范围涵盖社会再生产的全过程。物流是一个系统，一个由运输、储存、包装、流通加工、装卸、搬运、配送和信息处理等要素组成的系统。物流管理倡导系统化、集成化、一体化的管理理念，强调物流整体效益的最优。所以，物流的信息化是物品实体流动过程的信息化，是物流七个基本功能要素的信息化。物流信息化最早由日本提出，至今在学术界仍没有形成统一的概念，且其诞生于非英语国家，因此，至今也没有找到适合的英文来翻译这个概念。但尽管如此，关于"物流信息化"的含义，人们还是在以下四个方面取得了共识：①物流信息化的手段是包括计算机技术、通信技术和网络技术在内的信息技术；②物流信息化的内容是物流过程及其所包含的基本功能要素；③物流信息化的目的是为了实现对物流的高效管理，以更好地为社会提供物流服务；④物流信息化的主旨是实现物流作业的自动化和资源的共享。鉴于上述原因，根据信息化在物流领域应用程度的深浅，本书将物流信息化的概念分为狭义和广义两种。

狭义的物流信息化是物流生产工具的信息化，即在物流活动中，普遍实现手工作业和机械化操作向基于现代信息技术（如 EDI[①]、Internet 和 GPS[②]等）、信息平台、信息装备智能工具操作转变的过程，围绕原材料的采购，商品的生产、包装、储存、运输和配送等物流全过程进行信息的采集、交换、分析和处理，实现商品流通的供应链各环节有效协调和无缝连接，构造高效率、高速度、低成本的物流供应链，从而达到全面满足经济发展的目的。

但是，物流生产工具、物流运作形态的信息化，必然导致物流整体的信息化，由此引出了广义的物流信息化的概念。

广义的物流信息化是指在物流活动中，通过普遍采用基于信息技术的智力工具，深入开发和有效利用信息资源，从而大大提高物流整体生产和活动的能力，是利用信息资源而创造的劳动价值在物流总产值中的比重逐步上升直至占据主导地位的过程。可见，信息技术是一种工具，信息化是一种手段，物流信息化是一个动态的、延续的过程，是物流企业及企业内相关的物流部门不断适应新的社会发展潮流，与国际接轨，加快物流现代化建设必须经历的过程。它不仅包含物流各功能要素的信息化，而且要将其看成一个统一的有机体，实现各环节的有效协调和无缝连接。

### 2.1.2　物流信息化的外延

物流信息化是物流过程的信息化。研究物流信息化的外延，实际上是研究物流过程信息化的内容范围，即在哪些范围内实现信息化的问题。

上海博科资讯公司的物流供应链研究中心在 2008 年 4 月至 5 月对中国物流信息化基本情况的调查表明，物流供应链信息化应该分为三个层次：第一层是基础技术层，即基础信息化，包括基础网络架构、办公自动化（office automation，OA）、财务管理、信息的采集条形码、射频识别（radio frequency identification，RFID）技术和 GPS 技术等；第二层是运作执行层，即在基础信息化实现以后，通过信息技术实现业务流程与管理流程的优化，包括仓储管理系统（warehouse management system，WMS）、运输管理系统（transportation management system，TMS）、流程管理（process management，PM）与事件管理（event management，EM）等应用系统；第三层是供应链计划协同层，主要是指通过对上下游企业的信息反馈服务来提高供应链的协调性和整体效益，包括供应链计划（supply chain management）和网络设计（network design）、需求计划（demand planning）与高级计划/高级排程（advance planning/advance scheduling）及企业间（business to business，B2B）业务集成（协同）应用等。这三个层次随着信息化程度的深入，信息化的境界也越来越高。

目前我国物流信息化需求仍然以底层的基础信息化为主，主要因为目前我国物流企业多为中小型企业，规模不大。但是，从调查结果来看，越来越多的物流企业有降低成本、

---

① EDI（electronic data interchange），即电子数据交换。
② GPS（global positioning system），即全球定位系统。

提升竞争力的需求，并开始将信息化重点转移到业务流程与管理流程的优化上，而这些优化通常集中在最能产生效益的几个环节，如运输管理、仓储管理和配送管理等。

此次针对物流企业信息化需求的抽样调查显示，货物跟踪系统、客户关系管理系统和配送服务系统等已经成为物流企业未来信息化建设的重点。对供应链管理，目前能达到该管理水平的物流企业为数不多。整体来看，我国物流企业在基础信息化、运作执行优化和供应链计划协同管理三个层次上的需求正由浅入深地稳步发展，其中，后一阶段往往以前一阶段为起点。

上海博科资讯公司的物流供应链信息化专家认为，我国物流业起步较晚，这是整个行业面临的挑战，更是利用信息化手段发挥后发优势，将三个层次的信息化同时推进，用较短的时间走过国际领先企业几十年的发展之路，实现跨越式的信息化发展之路，实现后来居上的最好机会。

中国物流与采购联合会2006年重点调研课题《关于"十一五"期间的物流信息化》指出，物流信息化建设主要包括以下三个方面的内容：一是基础环境建设，包括制定物流信息化规划和相应的法律、法规、制度、标准、规范，开展物流关键技术的研发和应用模式的探索，以及通信和网络等基础设施建设；二是物流公共信息平台的建设，包括物流电子政务平台、物流电子商务平台和物流电子监控平台；三是企业（或机构）的内部信息系统建设。

## 2.2　物流信息化的特点

物流信息化一般表现为物流信息收集的自动化和数据化、物流信息的商品化、信息处理的电子化、物流信息传递的标准化和时代化及信息储存的电子化等。但这些都是浅层次的物流信息化，是物流信息化的表象，信息化对企业组织结构化的影响已经从生产作业层面深化到管理层面。物流信息化必然要求企业的组织结构业务流程和管理方式发生与之相对应的变化，才能从根本上实现物流管理与信息的结合，充分发挥两者的最大潜力。物流信息化使物流企业组织发展呈现出如下特点。

### 2.2.1　组织过程化

各企业在设立部门时，不再以职能作为标准，而是以具体的业务流程来设置团队。团队是集决策、组织、执行于一体的综合体，提高了组织的灵敏度。信息技术则提高了物流团队决策结果的科学性、组织的灵活性和执行的高效性。

### 2.2.2　功能外购化

综合物流服务涵盖很多内容和众多领域，但并不是每一个项目都是企业的强项，因此，物流企业需要集中企业资源专注于其具有核心竞争力的项目上。但企业可以以其擅长的核心能力为支点，通过信息网络来整合其他的物流功能。这样既能满足客户对物流服务的需求，又能提高企业的竞争能力和战略柔性。

### 2.2.3 服务信息化

物流企业与其客户之间的联系更多地通过信息互动来完成。网上物流信息的发布、查询、信息的交换，使客户能更便捷、清楚地了解货物的具体情况。物流企业还可以通过网络为客户提供交付物件的实时跟踪信息、网上物流结算和物流系统规划等基于信息的服务项目。

### 2.2.4 结构扁平化

信息技术在物流领域的应用，降低了物流信息获取的成本，缩小了信息发布的范围，从而改变了物流决策的层次结构。信息技术通过建立快速的信息通道，实现物流信息从基层作业点到高层领导的直达，而无需中间环节的介入。信息技术又能把物流信息传递给基层工作人员，基层工作人员结合自己的实践经验进行现场决策而无需请示管理层。

### 2.2.5 业务合同化

健全的信息沟通机制加强了物流企业与客户之间业务联系的紧密程度，使双方签订长期的物流合同成为可能。

## 2.3 物流信息化的需求和问题

物流信息化是一个涉及领域极广的系统工程，其过程需要众多物流参与者的共同努力才能得以实现，只有各个参与者最大限度地满足物流信息化的需求才可能保障物流信息化的顺利推进。因此，只有了解物流信息化对其参与者的需求才能更好地从各个角度为物流信息化提供支持。

同样，物流信息化中也存在各种问题，只有了解物流信息化存在的问题才能对今后的信息化过程有目的地进行控制、组织和协调，使之朝着更好更快的方向发展。

### 2.3.1 物流信息化的需求

（1）物流信息化对企业管理的需求

企业是社会经济活动的主体，同时也是物流信息化的主体，在物流信息化过程中起核心作用。物流信息化的程度与从事物流相关活动的企业管理制度密切相关。因此，物流信息化对企业管理提出了新的需求。

1）管理观念的变革。在传统的企业管理观念下，企业都是各自为政，从自身利益出发考虑其生产经营活动，对企业之间关系的认识存在误区。其认为，企业与企业之间是一种纯粹的利益关系，通过买卖交易活动建立起来，更多地体现在利益上的竞争。在这种指导思想下，企业都希望通过降低其他企业的利益来获得自身利益的提升。因为在社会化分工细致的今天，市场上同种类型、同种质量的商品生产成本和市场上消费者可接受的价格是基本确定的，这意味着为消费者提供产品和服务的生产厂家、代理商、批发商及零售商的总体利润是既定的，那么要想分得更多的利润，就必须降低其他企业的利益，由此而导致信息在企业之间的传递不畅，甚至因博弈而出现了信息的扭曲现象，这种观念对物流信息化的发展十分不利，亟待解决。

2）物流信息技术的引进。物流信息技术是物流信息化的物质基础，物流信息技术的应用是企业实现物流信息化的前提。因此，要实现物流信息化，需要企业在物流信息技术方面进行投资，要依据适用性标准，投资引进适应当今信息化潮流的物流信息技术。

3）管理体制的变革。物流信息化并不仅仅是简单地引进几件先进的信息化设备和技术，也不是为了信息化而信息化，而是为了实现企业的总体战略目标而使用的一种手段。因此，物流信息化的战略必须与企业总体战略相匹配并为总体战略提供支持，否则就是对物流信息化的曲解并导致企业资源的浪费。

（2）物流信息化对行业协会管理的需求

行业协会是指介于政府、企业之间，商品生产者与经营者之间，并为其提供服务、咨询、监督、协调功能的，使其能相互沟通且保证自律的社会中介组织。行业协会是一种民间性组织，不属于政府的管理机构系列，是政府与企业的桥梁和纽带。行业协会是我国民间组织社会团体的一种，即国际上统称的非政府组织（non-governmental organizations，NGO），属于非营利性机构。物流信息化对行业协会的需求主要体现在以下两个方面。

1）协调利益。物流信息化的最终实现，需要各方群体的共同参与与合作。在物流信息化的过程中，各企业出于对自身利益的考虑，只能选择最有利于本企业发展的信息化策略，具有一定的狭隘性和短视性，往往不利于行业整体的信息化效果。因此，物流信息化需要行业协会在公平公正的基础上协调行业内各企业之间的利益、各企业与行业发展的整体利益之间的关系，从而使物流信息化在给各企业带来短期效益的同时，朝着有利于行业长远利益的方向发展。

2）制定标准。实现供应链上下游节点企业之间物流活动的协调，从根本上避免各节点企业之间物流活动中的重复操作、可靠性低和反应速度慢等问题，提升整个供应链的效率，关键在于解决单一单位或"信息孤岛"问题，在上下游企业之间建立快速、及时和透明的信息传递与共享机制，实现不同行业、不同产品、不同企业之间的信息互联互通。要达到这一目的，其基础是物流信息的标准化，即必须在编码、文件格式、数据接口、EDI 和 GPS 等相关方面实现标准化，以顺利实现不同单位之间物流信息数据的交流、不同地区之间物流信息的交流、不同供应链系统之间信息的传递及不同物流软件系统信息的交流等，最终完成物流系统集成和资源整合的目的。物流信息标准体系主要由基础标准、技术标准、管理标准和服务标准等组成。相关标准的制定和执行，不是一个强制的过程，而是一个物流行业大多数企业、部门认可的过程。所以，物流行业协会制定相关标准是最恰当的选择。因为行业协会所代表的是行业内最大多数成员的利益，所制定的标准必定是最有利于行业整体发展的，能够受到绝大多数成员的理解和支持，所以有利于标准的实行和贯彻，从而能够达到最好的预期效果。

## 2.3.2 物流信息化面对的问题

1. 物流信息化发展战略暂属空白，政府管理职能整合不够

我国政府对物流的规划是从 2001 年开始的，国家经济贸易委员会[①]、铁道部[②]、交通部[③]、信息产业部[④]、对外贸易经济合作部[⑤]和中国民用航空总局[⑥]印发的《关于加快我国现代物流发展的若干意见》中第一次明确要求努力营造现代物流发展的宏观环境，政府部门在现代物流发展中要从政策法规方面提供保障，为物流企业的经营和发展提供宽松的宏观环境，各地方政府也根据中央精神制定了地方的物流信息化发展规划，但是，其基本特征是沿原有的条条块块轨道进行的，最典型的是各地方政府、各相关中央部委的物流发展规划，彼此难以衔接，更谈不上整合和统筹规划。规划的主要内容也在于扩张、建设，而不在于整合和市场的培育。这反映了当前管理体制上的障碍和政府职能的转变已经直接影响物流的发展。

2. 公共物流信息平台的缺乏，使各个企业的物流信息系统成为"信息孤岛"，缺乏有效整合

公共物流信息平台成为热点已有一段时间，各地政府也投资建设了不少信息平台或网站，但目前国内尚未建立起一个成熟的地区性或全国性的公共物流信息平台。除了根据市场实际需求、遵从已有的投资和管理体制建立的部分公共物流信息平台取得成功外，总的来看效果不理想。其原因往往都是不从实际需求出发，未开展深入细致的必要性、可行性分析研究却想包揽一切，结果信息平台与业务管理脱节，数据的真实性、完整性、权威性完全无保障。此类网站难免纷纷倒闭，但是各种罔顾业务的管理机制和格局，以及"大而全""小而全"的想法仍然影响很广，全面的物流信息交换与共享机制并没有形成。吉林大学现代物流研究所张连富教授表示，目前在我国很多地方建设的公共物流信息平台中，没有几个在真正意义上是成功的。

公共物流信息平台的缺失，不仅会使行业、企业，以及企业与客户之间的信息交流出现障碍，还会造成企业、铁路、公路、港口、银行、海关和工商税务等各物流系统的信息资源得不到有效的整合，影响各系统之间数据的交换和信息的共享，从而导致物流系统效率的降低。另外，这些"信息孤岛"还会造成重复投资、重复建设严重的现象，且各企业的信息系统资源利用率低下。

---

① 2003 年，国家撤消国家经济贸易委员会，设立商务部。
② 2013 年，国务院将铁道部并入交通运输部。
③ 交通部于 2008 年改为交通运输部。
④ 信息产业部于 2008 年并入工业与信息化部。
⑤ 对外经济贸易合作部于 2003 年整合为商务部。
⑥ 中国民用航空总局于 2008 年改为中国民用航空局。

3. 物流信息的标准化体系建设滞后于物流产业发展的需要，影响了物流信息化的进程

随着全球经济一体化进程的加快，物流标准化工作涉及的领域越来越广泛。目前，我国国家物流标准化体系的建设相当不完善，尽管建立了一些物流信息标准体系，并制定了一些重要的国家标准，如《商品条码 零售商品编码与条码表示》（GB 12904—2008）、《商品条码 储运包装商品编码与条码表示》（GB/T 16830—2008）和《商品条码 物流单元编码与条码表示》（GB/T 18127—2009）等，但这些标准的推广存在严重的问题。以某版储运单元条码为例，应用正确率不足15%。而且一些急需出台的物流信息标准的制定比较缓慢。例如，有关企业之间信息交换流程标准，有关物流信息平台开发、数据传输、通用接口和用户管理等方面的标准规范还十分欠缺。

标准化滞后对物流信息化的影响表现在很多方面，可以分为三个层次：

1）企业层的信息化标准问题。主要体现在企业信息系统的结构、功能、开发工具的不规范，缺乏规范的标准体系的指导，信息系统开发企业的投资多属于低水平的重复，市场做不大，客户也不敢用，造成企业信息化成本过高，进展缓慢。

2）行业层的信息化标准问题。例如，由于各企业的电子单证格式和认证标准不统一，企业之间的信息无法有效地沟通，需要反复地转换、翻译、认证，不仅费用高、效率低，而且还存在很大的信息安全隐患。

3）社会层的信息化标准问题。随着全球经济一体化的进程，社会层的标准主要是指国际标准。例如，由于基础标准的滞后，商品编码、无线通信频率不统一，像RFID这样的先进技术很难快速地应用推广。这三个层次的影响是逐层递进的，以社会层标准问题尤为突出。这里涉及的不仅是标准本身的技术型，还涉及标准的战略，即如何根据国家的经济安全和知识产权战略来确定这些底层的标准体系。

4. 企业信息化意识淡薄，动力不足，阻碍了信息化的推广应用

目前有许多中小企业，还不能从企业发展的战略高度认识信息化的重要性，不能系统地了解信息化建设的知识；有些企业虽然认识到了信息化建设的重要性，但由于信息化期初投资较高，应用效率不高，短期内未见收益，企业信息化缺乏动力。在信息化实施的过程中，也缺乏整体的规划与策略，只是为了信息化而信息化，从而导致物流信息化在企业的整体活动中没有真正起到作用，没有帮助企业实现其总体战略，导致企业资源的浪费和对物流信息化的曲解。

5. 物流信息系统运营与实施方面的领导力与执行力不足，人才匮乏，导致信息化的实施与推进困难

物流业在我国起步较晚，在人力资源方面先天缺乏，已成为影响我国物流业发展的关键性因素。特别是近年来，当许多城市和地区将物流作为经济发展的支柱产业之后，急需要一大批有理论、会经营、懂管理的拥有现代物流管理理念的物流管理人才、物流规划咨询人才、物流科研人才。

一方面，企业业务人员对如何运用信息化手段提高业务和管理水平缺乏足够的知识经

验和运作思路；另一方面，信息化人才缺乏，尤其是既懂业务又懂技术的人才十分匮乏。这两个方面导致信息化的实施与推进困难，需要高层领导的领导力与执行力。尤其在系统试行阶段，对员工的应用操作及规范管理均需要铁腕。但在实际工作中，往往并不得力。

## 2.4 物流信息化建设的基础

物流信息化建设的发展以现代物流技术来支撑。要实现物流畅通、高效和低成本的运行，不仅要实现商流、资金流、信息流与物流的有效衔接，而且要科学合理地使用现代先进的物流技术。现代物流技术是实现物流信息化的基础。

物流技术（logistics technology）是指在物流活动中所采取的自然科学与社会科学方面的理论、方法，以及设施、设备、装置与工艺的总称。

一般认为物流技术包括两个方面，即物流硬技术和物流软技术。

### 2.4.1 物流硬技术

物流硬技术是指在物流过程中所采取的自然科学方面的物流设施、装备和技术手段。传统的物流硬技术主要是指材料（集装、包装和材料等）、机械（运输机械、装卸机械和包装机械等）、设施（仓库、车站、码头和机场等）。典型的现代物流技术手段和设备包括计算机、互联网、信息数据库、条形码技术，同时还有 EDI、RFID、GPS、地理信息系统（geographical information system，GIS）和电子订货系统等。

本书将就几种典型的物流硬技术做简要阐述。

1. 物流设备设施

物流设备设施是指进行各项物流活动必需的成套建筑和器物，组织实物流通涉及的各种机械设备、运输工具、仓储设施和站场等。物流设备设施是完成各项物流活动的手段和工具，是组织物流活动的物质基础。离开一定的物质技术条件，任何物流作业都将无法进行，更谈不上物流活动的信息化。运输、储存、装卸、搬运、包装、流通加工、配送和信息处理等都需要相应的物流设备。近年来，伴随着物流的发展与进步，物流设备设施得到不断的提升与发展。特别是新的设备不断涌现，如四向托盘、高架叉车、自动分拣机和自动引导搬运车等，将作业人员从高强度的体力劳动中解放出来，提高了物流运作的效率和质量，降低了物流成本，为物流信息化奠定了物质基础。

物流设备设施的功能和类型是根据物流各项活动逐步形成的，按照不同的标准可以进行如下分类：①按照设备在物流各环节的功能可分为运输设备，仓储设备，装卸、搬运设备，流通加工设备，包装设备和信息处理设备等；②基础设施，包括铁路、公路、隧道、港口和仓库等基础设施。

2. 计算机技术

计算机是通过计算机程序自动、快速、高效、准确完成各种运算的多功能电子设备。

从最初满足复杂的科学计算工作发展到目前已经遍及人们工作、生活方方面面的重要信息处理工具。

根据性能情况一般将计算机分为巨型机、大型机、小型机、工作站和微型机五种类型。其中，主要面向个人用户的微型机应用范围最广，其具有体积较小、重量轻和使用成本低等特点，因此，其在电子商务中也得到了最广泛的应用。

计算机系统由硬件和软件共同组成。硬件是指看得见、摸得着的物理设备及电子线路，主要包括中央处理器、存储器及外部设备等；软件是指计算机系统中的各种程序及相关数据文档，主要可以分为系统软件和应用软件。系统软件主要包括操作系统、操作系统补丁程序及硬件驱动程序等；应用软件主要包括工具软件、管理软件和游戏软件等。

3. 计算机网络技术

计算机网络是指将地理位置不同的具有独立功能的多台计算机及其外部设备，通过物理线路连接起来，在网络操作系统、网络管理软件及网络通信协议的管理和协调下，实现资源共享和信息传递的计算机系统。

计算机网络的功能主要表现在硬件资源共享、软件资源共享和用户之间信息交换三个方面。典型的物流信息技术有自动识别与采集技术（条码技术、RFID 技术）和 EDI 等。

（1）自动识别与采集技术

在现代物流管理领域中，物流与信息流是分离的，但信息流终究要为物流服务，而实现信息流与物流的"互联"，主要依靠自动识别与采集（automatic identification and data capture，AIDC）技术，它是用来描述对计算机系统、可编程逻辑控制或其他的微处理设备，进行非键盘输入的数据方法，包括条码技术、RFID 技术、磁识别技术、声音识别技术、图形识别技术、光字符识别技术、生物识别技术。在物流领域主要是指条码技术和 RFID 技术，其应用为其他物流技术的应用奠定了基础，提供了前提条件。

1）条码是一种可印刷的"计算机语言"，最早产生于 20 世纪 20 年代，是由一组规则排列的条、空及字符组成的图形符号，用以表示一定的信息内容。条码自动识别系统由条码标签、条码生成设备、条码识读器和计算机组成。在物流过程中，条码识读器根据条、空对光的反射强度的不同，利用光电转换器件，获取条码所表示的信息，并自动转换成计算机数据格式，传输给计算机信息系统。

条码技术以其录入速度快、可靠性高和实用性强等特点，在物流信息识读领域得到了广泛应用。虽然也有如不能修改和替换等缺点，但作为计算机技术和光电技术相结合的一项综合科学技术，条码技术目前还是物流数据自动识别与采集的经济而实用的方法和手段，是物流信息系统重要的技术支撑。如今在我国，条码技术已经得到了广泛的普及，大多数的商品都印上了条形码。而在国外，很多商品已经附有针尖大小的计算机芯片和微型天线，这种微型天线能将极为丰富的产品信息和消费者信息发送到零售商和制造者手中。

2）RFID 技术是相对"年轻"的自动识别技术，自 20 世纪 80 年代产生，到 90 年代随着大规模集成电路技术的成熟而进入实用化阶段，RFID 的标签与识读器之间是利用感应、无线电波或微波能量进行非接触的双向通信，从而实现标签存储信息的识别和数据交换。RFID 系统包括软件系统和硬件系统两个组成部分。硬件系统由发射天线、接收天线、电子标签、识读器组成，主要用于完成信号的采集功能和实现快速可靠的通信；软件系统则用于完成信息的采集、识别、加工处理和传输，软件系统支撑整个系统的运行，并演绎出各种不同的应用系统。

RFID 在物流领域中的应用由美国国防部和全球连锁零售企业沃尔玛发起。作为一种先进的技术手段，其应用使美军的平均补给时间从 33 天降低至 11 天。从 2005 年 1 月起，美国主要战区全部引入 RFID 系统，并于 2006~2007 年在全部后勤保障体系中实施 RFID 技术。美国军方的实践引起了物流业界的关注，但其作为一种成熟的技术在物流和供应链领域的应用仍需要一个储蓄的发展过程。因此，业界将其比喻成"与大象共舞"，该比喻形象地说明了该技术的能力与掌握该技术的挑战性。

（2）EDI

EDI 是通过电子方式，采用标准化的格式，利用计算机网络进行结构化数据的传输和交换。使用 EDI 能够有效地减少直至最终消除贸易过程中的纸面单证，因此，EDI 也被称为"无纸化贸易"。构成 EDI 系统的要素是通信网络及数据标准化要素、EDI 软件和硬件。

1）通信网络及数据标准化要素。EDI 标准是由各企业、各地区代表共同讨论、制定的电子数据交换共同标准，可以使各组织之间的不同文件格式，通过共同的标准，实现彼此之间文件交换的目的。交易双方传递的文件是特定的格式，采用的是报文标准，现在较通用的是联合国的 UN/EDIPACT，这一格式与传真和电子邮件有较大的区别。

2）EDI 软件和硬件。实现 EDI，需要配备相应的 EDI 软件和硬件。EDI 软件具有将数据库系统中的信息译成 EDI 的标准格式，以供传输交换的能力。由于 EDI 标准具有足够的灵活性，可以适应不同行业的众多需求。然而，每个公司有其自己规定的信息格式，因此，当需要发送 EDI 电文时，必须用某些方法从公司的专业数据库中提取信息，并将其翻译成 EDI 标准格式，进行传输，这就需要 EDI 相关软件的帮助。

## 2.4.2　物流软技术

物流软技术是指为组织实现高效率物流所需要的计划、分析和评价等方面的技术和管理方法等。典型的物流技术应用方案包括路线规划技术、库存控制技术、配送线路优化技术、物流过程中的可视化技术，以及供应商管理库存技术、连续库存补充计划、交叉配送计划和供应链管理等。其中，路线规划技术、配送线路优化技术是利用运筹学中的表上作业法、匈牙利法和迪杰斯特拉算法等解决在物流运输及配送过程中的路线优化选择和作业合理分配问题。以下简单介绍几种常用的物流软技术。

1. 供应商管理库存技术

供应商管理库存（vendor managed inventory，VMI）是指供应商等上游企业给予其下游客户的生产经营、库存信息，对下游客户的库存进行管理和控制。换句话说，VMI 系统是供应商代替用户管理库存，库存的管理职能转由供应商负责。

实施 VMI 策略，要改变订单的处理方式，建立基于标准的托付订单处理模式。首先，供应商和批发商一起确定供应商的订单业务处理过程所需要的信息和库存控制参数；其次，建立一种订单的处理标准模式（如 EDI 报文标准）；最后，把订货、交货和票据处理各个业务功能集成在供应商一边。

实施 VMI 策略可以分为如下四个步骤：

1）建立顾客情报信息系统。要有效地管理销售库存，供应商必须能够获得顾客的有关信息。通过建立顾客的信息库，供应商能够掌握需求变化的有关情况，把由批发商进行的需求预测与分析功能集成到供应商的系统中来。

2）建立销售网络管理系统。供应商要很好地管理库存，必须建立起完善的销售网络管理系统，保证自己的产品需求信息和物流畅通。

3）建立供应商与分销商合作框架协议。供应商和分销商一起通过协商，确定处理订单的业务流程及控制库存的有关参数（如再订货点和最低库存水平等）与库存信息的传递方式（如 EDI 或 Internet）等。

4）组织机构的变革。这一点也很重要，因为 VMI 策略改变了供应商的组织模式，过去一般由会计经理处理与用户有关的事情，引入 VMI 策略后，在订货部门产生了一种新的职能负责用户库存的控制、库存补给和服务水平。

2. 连续库存补充计划

连续库存补充计划利用及时准确的销售终端（point of sale，POS）数据确定销售出去的商品数量。根据零售商或批发商的库存信息和预先规定的库存补充程序确定发货补充数量和发货时间。以小批量、多频度方式进行连续配送，补充零售店铺的库存，提高库存周转率，缩短交纳周期、时间。

3. 交叉配送技术

交叉配送是在零售商的流通中心，把来自各个供应商的货物按发送店铺迅速进行分拣装车，向各个店铺拨货。在交叉配送的情况下，流通中心仅是一个具有分拣装运功能的通过型中心，有利于缩短交纳周期、减少库存、提高库存周转率，从而节约成本。

# 第 3 章　物流信息系统

## 3.1　物流过程信息采集技术及应用

从 20 世纪 60 年代开始，企业开始使用计算机来处理日常数据，以节省人力及提高数据的正确性与时效性。因此，大量信息系统应运而生。但随着信息技术的进步及时间的推移，企业累积了大量的交易数据，而这些不同的信息系统之间数据交换的问题也越来越重要。企业必须花费更多的人力与财力来维护这些信息系统，才能确保数据的正确性和一致性；也就是说，这些各自独立的信息系统，彼此之间无法共享信息，对组织效率与企业绩效造成了负面冲击。

### 3.1.1　物流信息采集技术

物流信息的采集是物流作业流程的基础，基础数据包括财务数据、业务数量数据、库存数据、商品种类数据、运输数据、人才资源数据和客户认知度数据等。物流信息采集技术以这些基础数据为基础，而这一系列数据的采集对信息化管理方案的运行和实施起着至关重要的作用。因此，只有应用科学、可靠的物流信息采集技术，才能保证物流信息化管理正常运行。

目前流行的物流动态技术信息采集技术主要包括以下几种。

（1）一维条码技术

一维条码技术广泛地应用于物品信息标注中，是由一组规则排列的条和空、相应的数字组成，成本较低，操作简便，是国内应用最早的识读技术，目前应用较为广泛。但条码数据显示有限，对距离要求高，污损后可读性差，限制其进一步推广应用。

（2）二维条码技术

同一维条码技术相比，二维条码技术信息容量更大，可靠性高，保密防伪性强，识读率强且使用方便。

（3）磁条（卡）技术

磁条（卡）技术以涂料形式把一层薄薄的由定向排列的铁性氧化粒子用树脂黏合在一起并粘在如纸或塑料这样的非磁性基片上。优点是数据可多次读写，数据存储量能满足大多数需求，但防盗性能差。

（4）声音识别技术

声音识别技术是通过识别声音达到转换成文字信息的技术，其最大特点是不用手工录入信息，但最大问题是识别率，要连续地高效应用具有一定难度。

(5) 视觉识别技术

视觉识别技术通过对一些有特征的图像进行分析和识别，能够对限定的标志、字符和数字等图像内容进行信息的采集，通常要用接触式扫描器扫描。

(6) 接触式智能卡技术

智能卡是一种将具有处理能力、加密存储功能的集成电路芯版嵌装在一个与信用卡一样大小的基片中的信息存储技术，通过识读器接触芯片可以读取芯片中的信息，数据安全性和保密性都非常好，成本适中。

(7) 便携式数据终端

便携式数据终端（portable data terminal，PDT）一般包括一个扫描器、一个体积小但功能很强并有存储器的计算机、一个显示器和供人工输入的键盘，是一种多功能的、可编程的数据采集设备。

(8) RFID 技术

RFID 技术是一种利用射频通信实现的非接触式自动识别技术。RFID 标签具有体积小、容量大、寿命长和可重复使用等特点，可支持快速读写、非可视识别、移动识别、多目标识别、定位及长期跟踪管理。

## 3.1.2 运输信息管理技术

物流的最简单理解是货物运输，因此，在物流运作的整个流程中，运输是非常重要的一个环节，相应地，在整个物流管理体系中，运输管理占据着举足轻重的地位，在物流运作的各个环节中运输时间及成本占有相当比重。对运输实现有效的管理，是现代物流管理中的重要内容。

(1) GIS 技术

GIS 是一种采集、处理、传输、存储、管理、查询检索、分析、表达和应用地理信息的计算机系统，GIS 技术主要利用强大的地理数据功能来完善物流分析技术，具有降低物流作业费用同时保证运输服务质量、确定最优路径和物流网点布局等作用，提高运作效率。

(2) GPS 技术

GPS 是随着现代科学技术的发展建立起来的一个高精度、全天候和全球性的无线电导航定位、授时的多功能系统，由地面控制部分、空间部分、用户装置部分组成，具有性能好、精度高、应用广的特点。GPS 在物流领域的应用主要是在汽车自动定位、跟踪调度及车辆监控调度管理等方面，实时接收车辆信息，实现汽车、货物跟踪管理和汽车调度。通过 GIS/GPS 技术可以提供实时或接近实时的车辆位置信息，实现对在途车辆的定位、监控，可以及时满足客户调度需求，同时可以减少运输环节所花费的时间，提高物流效率，逐步实现以下功能。

1) 基础信息功能：为运输公司提供包括客户资料、车辆基础资料、仓库资料、司机资料及省和城市代码的设定资料。

2) 车辆管理功能：车辆管理提供包括车辆维修、车辆出险、车辆保险、货物出险、车辆证件管理、司机证件管理及车辆油耗统计等功能。

3）调度功能：对托运业务进行车辆调度，包括车辆派遣、派车单管理、托运单跟踪、派车单跟踪、空车派遣、车辆排班、车辆状态管理和虚拟车号等功能。

4）在线叫车功能：为客户提供一种在线填写托运信息，并跟踪托运业务过程的功能，提供 GIS 车辆定位、车辆跟踪及车机信息查看等功能。

5）车辆地理信息：通过获取车载 GPS 设备返回的经纬度信息，结合地图，可以准确定位车辆所在的地理位置，分析过去一段时期车辆所行驶的路线，实时跟踪车辆行驶。

6）车机数据管理：负责显示车机和中心交互的信息，包括中心发出的指令、车机定时回传的 GPS 信息、车机反馈的文本信息。此功能仅供管理人员日常查看管理，用以检查交互数据。

7）车机服务器：车机服务器用来接收车载 GPS 设备发送给中心的各种指令、解码各种指令、提供给系统相应的车机数据（如经纬度信息和条码信息等），同时车机服务器还可以向车载 GPS 设备发送指令，在车机的显示设备上显示相关的指示信息。

GIS/GPS 技术具有先进性、开放性、可扩展性、跨平台性、安全性和易用性等特点。

### 3.1.3 仓储信息管理技术

随着物流热潮的掀起，市场竞争日益激烈，对物流企业来说，只有降低成本、提高运营效率，才能增加企业的核心竞争力，使企业立于不败之地。目前，大多数企业的仓储管理系统通常使用条码标签或人工仓储管理单据等方式支持自有的仓储管理。但是条码标签的易复制、不防污、不防潮和操作烦琐等特点，以及人工书写单据的烦琐性，容易造成人为差错和损失，使仓储管理始终存在缺陷。

针对仓储管理问题，RFID 技术可以作为一种比较可行的解决方案，开发基于 RFID 自动识别技术的现代化仓储管理信息化系统，通过无线网络进行数据传输，记录并跟踪物料在物流中的各个环节，帮助物流管理人员对库存物品的入库、出库、移动、盘点和配料等操作进行全面的控制和管理，能有效地对仓库流程和空间进行管理，实现批次管理、快速出入库和动态盘点，最终提高企业仓库存储空间的利用率及企业物料管理的质量和效率，降低企业库存成本，提升企业市场竞争力。

RFID 系统由读写器、电子标签及应用软件系统三个部分组成，其工作原理为：读写器通过天线发出信号，粘贴在物品上的电子标签接收到信号，被激活并发送正确信息，读写器将信息和数据送入计算机系统进行数据搜索、登录和处理。RFID 将成为未来物流领域的关键技术。

（1）仓库管理对象

仓库管理员是仓库管理的主体，其管理对象主要包括库存品、库位和库管设备等。

（2）仓库管理的作业任务

仓库管理主要有五项作业任务，如下所示：

1）入库（进货检验）。

2）出库（拣选）。

3）移库（补货）。

4）盘库。

5）根据需要，产生各种库存报表。

（3）形成 RFID 仓储管理信息化系统的基本思路

1）给每一库位贴电子标签，该标签称为库位标签。

2）各个库存管理物品在入库时，应当粘贴电子标签。进行库房操作时，读取标签，该标签应为货物标签上面的编号，以确定库存管理物品的准确性。另外，考虑将这种标签设计成可重复使用的类型，以节省成本。

3）构建无线网络系统，以覆盖所有的仓库作业区，使作业数据实现随时传输，在叉车上安装固定的无线终端，手工作业的工作组人员配备手持无线数据终端。RFID 频识别的功能是接受作业指令、确认作业地点和作业货物是否准确、将作业情况实时反馈。

4）以自动导引车（automated guided vehicle，AGV）为平台。在 AGV 上安装 RFID 识读器、无线通信设备、控制设备，使安装有该设备的 AGV 能在每天设定的时间自动地对库房货物进行清点，并通过无线数据终端将盘点结果传输到系统管理中心。

仓库管理系统设计采用如下三层架构：

第一层是采集（capture），采集数据的方法为使用 RFID 设备及其他的一些自动识别设备采集，这些设备中包括货物标签、AGV、库位标签和无线数据终端等；

第二层是移动（movement），使用无线接入设备等相关的网络设备，把采集出来的数据传递给中央数据库；

第三层是管理（management），即对网络服务器、仓储管理系统软件及数据库服务器进行全面细致的管理。

此系统的信息流程如下：

1）对仓库位置进行编码。

2）使用仓储管理子系统计算机和 RFID 读写器把仓库位置编码一系列信息写入电子标签中。

3）在纸标签上用标签打印机打印库位编码文字与条形码信息。

4）把印好的纸标签粘贴在电子标签上，以便生成库位标签。

5）把生成的库位标签安装在库位上，注意安装要牢固，防止脱落；要求标签尽可能安装在库位正下方的支撑横梁上。

入库作业流程如下：

1）收货检验。重点检查：①送货单与订货单是否一致；②实到货物与送货单是否一致。如果不符拒绝接收。

2）标签制作与固定。详细步骤如下：①编码。根据选定的物品编码设计，对入库管理物品进行编码。②制作货物标签。货物标签由纸质标签和电子标签组合形成，首先，将编码数据录入电子标签，同时打印纸质标签；其次，将纸质标签和电子标签黏合在一起即货物标签。③固定标签。标签固定的方式要考虑成本问题，如果需要回收，一般使用悬挂的方式将标签固定到物品之上；如果不需要回收，则可进行粘贴。

3)现场计算机对库位进行自动分配,将每次作业所对应的物品编号、物品库号自动下载到手持无线数据终端或者叉车上的固定无线数据终端上。

4)仓库操作人员将物品运送至相应库位,确认无误后将物品送入库位,如有需要,可对库位标签上记录的物品编号及数量等信息进行修改。

5)无线数据终端把入库的真实情况准确地发送给现场计算机,并且及时地将库存数据库进行更新。

出库作业流程如下:
1)中心计算机发出出库指示。
2)现场计算机编制出库指令,并即时地下载到数据终端上。
3)从事作业的工作人员依照数据终端的提示,到达指定仓库位置。
4)从仓库中取出指定数量的货物,对库位标签的内容进行改写。
5)将货物运输到出口处,并将货物标签取下来。
6)将出库作业信息返回现场计算机。
7)更新中心数据库。

## 3.2 物流的信息化管理系统内涵

物流信息系统是以 Intranet/Extranet/Internet 为运行平台的,以客户为中心的、以提高物流效率为重要目的,集物流作业管理、物流行政管理、物流决策管理于一体的大型综合物流管理信息系统。该系统主要由电子商务系统、物流企业管理软件、物流作业管理系统和客户服务系统等组成。物流信息系统是为了满足物流管理和运转的实际需要,以计算机方式实现物流资源管理,是主要由人员、计算机硬件、软件、网络通信设备及其他办公设备组成的人机交互系统。

物流信息系统主要有如下特点:

1)集成化。集成化主要是指物流信息系统将业务逻辑上相互关联的部分联系在一起,从而能够为企业物流活动中的集成化信息处理工作打下良好的基础。在系统开发过程中,无论是数据库的设计还是系统结构及功能的设计都应该遵循统一性的标准。

2)模块化。模块化主要是指把物流信息系统的各个子系统通过统一的标准来进行功能模块的开发,然后再集成使用。这样不仅能够满足物流企业的不同管理者的需要,同时也能够保证各个子系统的使用及访问权限。

3)标准化。标准化主要是指物流信息系统必须保证与系统结构、接口及基本模块的一致性。

4)实时化。实时化主要是指整个物流信息系统能够及时地掌握及分享属于供应商、分销商与客户的相关信息。

5)网络化。网络化主要是指物流信息系统必须保证不同地理位置的用户都能够及时得到所需要的信息。

6)智能化。智能化主要是指物流作业过程中大量的运筹及决策都可以借用专家系统与人工智能等相关技术加以解决。

### 3.2.1 物流信息系统的作用

物流信息活动成本高的原因是企业在物流信息不充分情况下开展物流活动,开展的同时仍旧没有足够的信息支持。例如,搬运地不明确,来回搬运货物造成物流运输成本不必要的增加;或者货物运输路径选择不科学。如果物流信息准备充分,物流活动将容易被科学地计划和控制,进而使货物高效合理地流动。物流的有序化能把原来的"盲目调度"的损失降低,促使物流资源被充分利用,减少不协调和浪费现象,使物流活动的有效性大大提高。物流信息系统通过网络化的方式将企业的各部门、生产企业和商业企业等连在一起,从而实现社会性的各部门、各企业之间低成本的数据共享,其作用可以归纳为以下五个方面:

1)数据的收集及录入。物流信息系统把物流过程产生的信息进行搜集,并通过全球广域网(world wide web,WWW)页面录入系统。

2)信息的存储。物流信息系统把物流过程产生的信息整理、加工并以结构化的方式永久保存到数据库中。

3)信息的传播。物流信息系统通过外部接口供其他系统调用,实现物流信息的共享。

4)信息的处理。对物流信息的处理包括新增、修改、删除和查询等操作,为物流管理者提供所需要的信息。

5)数据的输入。物流信息系统为各级物流人员提供相关性的信息。

### 3.2.2 制造企业物流信息系统

明确具体的信息需求的目的是要计划和执行物流管理的系统化作业。在物流中的单独的一个物流领域内有不同的信息需求,但为了整个企业物流的系统化协调运作,信息系统必须相互关联并准确地共享。在开发一个信息系统时,要对企业信息系统进行调查分析。信息系统分析的好与坏,是整个信息系统开发过程中最重要的环节之一,其分析结果的好与坏,将直接影响整个系统的成败。

在现代化的制造行业中,对各类生产数据、质量信息实时采集,并根据需要及时地向物料管理、生产调度、产品销售、质量保证、计划财务及其他相关的各部门传送各类信息,这对原材料供应、生产调度、销售服务、质量监控和成本核算等都有重要的作用。在制造企业物流管理中,生产物流占有很重要的位置。制造企业内部的生产物流伴随生产的全过程,是企业生命的基础。生产物流直接关系生产过程能否顺利进行、生产计划能否保质保量完成。对生产物流的管理主要包括物流基本信息管理、生产作业计划管理、生产状态监控管理和物流控制管理。

(1)物流基本信息管理

对制造企业生产物流而言,物流基本信息管理包括物料及在制品、成品的各种参数,它是由零部件编号、规格、数量和产品编号等组成。其中还包括在各个工序上制造零部件参数及设备参数等。制造参数一般分为两种,一种是由产品编号确定的基本制造物料参数,另一种是由状态参数选定的选项物料参数。由产品的制造参数可以定义管理的域,其中包括的制造参数有产品编号、工艺、物料代码、制造物料描述、计量单位和物料报备数量等。系统使用人员具有浏览产品制造物料参数的权限。其中,参数信息是与产品和工艺紧密相关的制造信息和物料信息。产品工艺的制造参数是生产加工过程中的一些重要提示信息,这些信息需要实时传送到生产工位上,提示工人进行生产操作。

(2) 生产作业计划管理

生产作业计划管理是根据生产加工的需要,计划和调度各种运输设备,规划运输路线,使所需的物料及时、通畅地运达指定位置。生产物流计划的核心是生产作业计划的编制工作,即根据计划期内规定的出产产品的品种、数量、期限,具体安排产品及其零部件在各工艺阶段的生产进度。与此同时,为企业内部各生产环节安排短期的生产任务,协调前后衔接关系。生产物流计划包括以下几个主要的任务:

首先,保证生产计划的顺利完成;其次,为了保证按计划规定的时间和数量出产各种产品,要研究各种零部件或物料在生产过程中的移动规律,以及在各加工工序的生产周期,以此来安排经过各加工工序的时间和数量,并使系统内各生产环节内的在制品的结构、数量和时间相协调。然而,对制造企业而言,一个复杂的物流系统要搬运成千上万种不同种类的零部件,其设备也是多种多样的,其中包括以下三个方面:

1) 进度控制。物流控制的核心是进度控制,即物料在生产过程中的流入、流出控制,以及物流量的控制。

2) 在制品管理。在生产过程中对在制品进行静态、动态控制及占有量的控制。加强生产过程中在制品的管理,可以缩短生产周期。在制品控制包括在制品实物控制和信息控制。有效控制在制品,是保证生产物流连续进行的必要条件,对及时完成作业计划和减少在制品积压均有重要意义。

3) 偏差的测定和处理。在进行作业过程中,按预定时间及顺序检测执行计划的结果,掌握计划产量与实际产量的差距,根据发生差距的原因、差距的内容及严重程度,采取不同的处理方法。首先,要预测差距的发生,事先规划消除差距的措施,如动用库存和组织外协等;其次,为及时调整产生差距的生产计划,要及时将差距的信息向生产计划部门反馈;最后,为了使本期计划不做或者少做修改,将差距的信息向计划部门反馈,作为下期调整的依据。

(3) 生产状态监控管理

在实际的生产过程当中,企业要随时掌握车间的生产状况,以便于企业的管理者能够确定企业的生产进度,合理安排企业的生产,保证企业计划的顺利完成,这时必须对生产物流进行有效的控制,即生产物流状态的监控管理。生产物流状态监控管理在制造企业的生产过程中发挥了至关重要的作用,其主要功能为:①采集物流系统状态数据。物流系统状态的信息主要有两个来源,一是物流系统设备的执行机(执行控制的计算机或控制器)在执行每一次操作时都要向上级报告物流系统状态,即发回状态报告,其中包括操作命令的当前执行情况,运输设备当前状态,操作命令的完成、取消或修正,以及操作故障情况等;二是通过各种传感器、检测元件得到。②监视物流系统状态。对所发回的报告进行分类、整理。在屏幕上用图形显示各缓冲站状况、立体仓库货位状况和运输设备状况。③处理异常情况。检查判别物流系统状态中的不正常信息,根据不同情况提出处理方案。④人机交互。可以方便操作人员查询当前物流系统状态数据(零部件库存信息、生产计划、设备运行状态和生产状况等),人工直接干预系统的运行以处理异常情况。⑤及时接收管理层下达的计划和任务,并监督生产部门完成。在监控管理时,监控系统并不产生新的指令而只是对管理层的命令加以分解并下达,在多项任务时负责协调任务的下发。

(4) 物流控制管理

无论是生产的作业计划管理,还是对生产的监控管理,都离不开物流信息。生产物流控制过程实际上是物料流动过程中对物料信息流动管理的过程。对制造企业来讲,在生产监控管理中,对其生产物流的控制内容主要在于物料流动,物料的数量、规格、种类、所处的地理位置和消耗的变化是按照实际加工需要来进行的。信息流动过程中,信息的采集、处理和传输则服务于管理的需要。也可以说,在生产物流系统运行过程中,物流控制是进行生产管理的基础。物流控制是生产控制的核心和基础。物流控制程序对不同类型的生产方式来说,基本上是一样的。与控制内容相适应,物流控制程序一般包括以下四个步骤:

1) 建立各个产品消耗的物料消耗标准表。物流控制是从物料消耗标准开始,所制定的标准要保持先进与合理的水平,随着生产条件的变化,标准要定期和不定期地进行修订。

2) 制订物料消耗计划。物料需求计划(material requirement planning,MRP)是根据生产计划和生产的物料清单(bill of material,BOM)来制订的相应物料需求,MRP 必须保持生产系统的正常运转,具有面向生产活动的协调的分布式决策能力。

3) 确保生产过程中物流信息的收集、传送、处理和协调。

4) 物料需求调整。为了保证生产的正常进行,及时调整偏差,保证计划顺利完成,并能进行有效性的评估。

### 3.2.3 企业资源计划在企业物流信息化中的定位分析

企业资源计划(enterprise resource planning,ERP)是当今世界上最先进的管理模式之一,以世界前沿管理理论为基础,帮助企业解决信息不对称等问题。其综合"三流"(资金流、信息流、物流)进行管理,更加合理有效地利用企业现有的资源,使企业经济效益最大化。

实现对整个供应链的有效管理是 ERP 的核心管理思想,主要表现在三个方面:

(1) ERP 系统对整个供应链资源进行管理,合理安排企业每一个环节上的人财物等资源,适应了市场竞争的需要

在当今知识经济时代,企业要想有效地参与市场竞争,单凭自身资源是远达不到目的的,只有把供产销等环节紧密地联系起来形成完整的供应链,才能有效地进行企业的日常运作。这样有利于企业利用社会上一切市场资源提高自己的实力,以便企业在市场竞争中获得优势。总之,伴随着市场经济的快速发展,企业之间的竞争已经升华为一个供应链与另一个供应链之间的竞争。ERP 系统强调对整个供应链的管理,使企业在日趋激烈的竞争中立于不败之地。

(2) ERP 系统体现精益生产、同步工程和敏捷制造的管理思想

竞争激烈的市场经济要求企业运用同步工程组织生产和敏捷制造等管理理念，以便保证企业产品质量，迎合消费者的需求。精益生产（lean production）、敏捷制造（agile manufacturing）是 ERP 系统支持混合型生产方式的两个方面。精益生产思想即企业组织生产时，把客户、供应商、协作单位纳入生产体系，企业与其他部分不再单纯是业务往来关系，而是共享利益的合作伙伴关系，这种利益共享的关系也就是精益生产的核心思想。而敏捷制造强调速度，即当外部环境发生变化时，企业的常规合作伙伴不能满足新产品开发生产时，企业可以成立一个临时的供应链，由某些特定的供应商和销售渠道组成，用最短的时间将新产品推广到客户面前，保持产品的高质量、多变性即是敏捷制造的核心思想。

(3) ERP 系统体现事先计划与事中控制的管理思想

ERP 系统有庞大的计划系统，主要包括主生产计划（master production schedule，MPS）、MRP、采购计划、销售执行计划、利润计划、财务计划和人力资源计划等，这些计划能够有效地帮助企业实现自身的目标。另外，在财务计划中，ERP 系统定义了与经济业务相关的会计核算科目与核算方式，在经济业务发生时，该系统将自动生成会计分录，使资金流与物流同步记录和数据一致，改变了资金信息滞后于物料信息的状况，便于实现事中控制和实时做出决策。计划、经济业务处理、控制与决策这些功能都强调人与人之间的合作精神，便于每个主体发挥其主观能动性。

总之，ERP 系统借力于信息技术（information technology，IT）将很多先进的理论知识变成现实中可指导企业高效运作的计算机软件系统。

### 3.2.4 制造执行系统在企业物流信息化中的定位分析

美国先进制造研究（advanced manufacturing research，AMR）机构通过对大量企业的调查和研究，于 1992 年提出了三层的企业集成模型，即制造企业的信息化系统主要由以 MRP/ERP 为代表的计划层和以数据收集与监视控制系统（supervisory control and data acquisition，SCADA）、人机接口（human machine interface，HMI）为代表的控制层及以实现操作过程自动化并支持企业全面集成的制造执行系统（manufacturing execution system，MES）层共同组成。

计划层：强调企业的计划性。以客户订单和市场需求为计划源头，充分利用企业内的各种资源，降低库存，提高企业效益。ERP 系统记录产品的使用、客户的订单和原材料的需求，并向 MES 发送工作计划和指令，以完成客户订单。

控制层：强调设备的控制。控制层接受 MES 层下发的生产计划、作业标准和调度指令等信息并负责按要求实施生产。为了使生产的产品达到甚至超过理想规范的要求，控制层的功能要使用工厂内所有的资源（硬件、软件和人）。控制层的工作是实时的，这意味着时时都在对工艺进行控制或更正，以保持理想的质量和产量。"设备"、"人"和"装置"共同为产品的按时按质完成执行限定的指示，控制层的状态和结果将实时反馈到 MES 层。

执行层（即 MES 层）：强调计划的执行，确保整个生产过程的最优。MES 层负责产品的生产及所有与产品生产相关的操作。产品配方或产品设计细节可以被存储在 MES 层，

为控制层提供"如何生产"的指示。这些指示同时供人和设备使用。此外，MES 层要将生产结果经汇总处理后反馈给 ERP 系统。

综上所述，ERP 是企业的宏观计划层，负责企业中远期的规划和近中期的生产计划。MES 将 ERP 系统的计划进一步细化，生成调度单这样具体可执行的指令，并控制具体计划的执行使其不偏离 ERP 的要求。车间生产设备的运作又以 MES 的具体指令为依据。

三个层次的运行和反应时间呈现明显的三个级差，即每个部分信息产生和变化的频率有很大的差异。从这个意义上看，MES 在中间起到信息集线器的作用。如果没有 MES 的具体细化，ERP 的主生产计划不可能被生产控制设备直接执行。同样，控制层系统按 3～60s/min 级产生的状态数据如果不经过 MES 的分析处理，ERP 系统也没有能力接受。因此，MES 是制造业信息化中非常重要的组成部分。

# 第 4 章　ERP 系统的功能模型与实现架构

ERP 是将企业所有资源进行全面一体化整合集成的管理信息系统,其功能模块不同于以往的 MRP 或制造需求计划(manufacturing resources planning,MRP Ⅱ)的模块。ERP 不仅可用于生产企业的管理,而且可用于其他类型的企业。例如,一些非生产性、公益事业的企业可导入 ERP 系统进行资源计划和管理。这里以典型的生产企业为例来介绍。

## 4.1　ERP 总体模块框架

### 4.1.1　财务管理模块

ERP 软件的财务模块一般分为会计核算与财务管理两大块。会计核算主要是记录、核算、反映和分析资金在企业经济活动中的变动过程及其结果。它由总账、应收账、应付账、现金、固定资产和多币制等部分构成。财务管理的功能主要是对会计核算的数据加以分析并进行相应的预测、管理和控制活动,它侧重于财务计划、控制、分析和预测及财务决策。

### 4.1.2　生产控制管理模块

生产控制管理是一个以计划为导向的生产和管理方法,包括 MPS、MRP 和能力需求计划(capacity requirements planning,CRP)等方面的内容。这一部分是 ERP 系统的核心所在,它将企业的整个生产过程有机地结合在一起,使企业能够有效地降低库存,提高效率。同时,通过各个原本分散的生产流程自动连接,企业能按生产流程前后连贯地运作而不会出现产供销脱节,延误交货的现象。

### 4.1.3　物流管理模块

物流管理模块包括销售管理、库存控制和采购管理等方面的内容。销售管理是从产品的销售计划开始,对销售产品、销售地区和销售客户等各类信息进行管理和统计,并对销售数量、金额、利润、绩效及客户满意度等进行全面分析。库存控制是以最小限度地占用资本为原则来控制存储物料的数量,以保证稳定的物流支持生产正常运作。采购管理是确定合理的定货量、优秀的供应商和保持最佳的安全储备,能够随时提供定购、验收、跟踪、外购或委外加工物料等信息,保证货物及时到达。同时,建立合格供应商的档案,用最新的成本信息来调整库存成本。

### 4.1.4 人力资源管理模块

近年来，企业内部的人力资源越来越受到企业的关注，被视为"企业的资源之本"。在这种情况下，人力资源管理作为一个独立的模块，被加入到 ERP 的系统中来，和 ERP 中的财务、生产系统组成了一个高效的、具有高度集成性的企业资源系统。人力资源管理模块主要包括人力资源规划的辅助决策、招聘管理、工资核算、工时管理和差旅核算等。在企业中，日常管理主要包括生产控制（计划、制造）、物流管理（采购、库存、分销管理）和财务管理（会计核算、财务管理）及人力资源管理四大系统，其通过相应的接口最大限度地整合企业的各项资源，实现企业高效管理和运作。

## 4.2 ERP 系统主要业务功能

### 4.2.1 MPS

MPS 在 ERP 系统中是一个重要的计划层次，它根据生产计划、客户合同和预测，把销售与运作规划中的产品系列具体化，将生产计划转换为产品计划。MPS 在 ERP 系统中起到了从宏观计划向微观计划过渡的承上启下的作用，是联系市场、主机厂或配套厂及销售网点（面向企业外部）与生产制造单位（面向企业内部）的桥梁，使生产计划和能力需求计划符合销售计划要求的优先顺序，并能适应不断变化的市场需求。同时，MPS 又能向销售部门提供生产和库存信息，提供可供销售量的信息，作为与客户洽商的依据，起到了沟通内外的作用。

（1）MPS 计划对象与方法

MPS 的计划对象是最终成品。MPS 是确定每一具体的最终产品在每一具体时段生产数量的计划，它要具体到产品的品种和型号。在 MPS 中详细规定生产什么及什么时段应该产出，它是独立需求计划。在制造业中，可根据其生产方式或其组合来决定 MPS 的安排。现以备货生产、订货生产和装配生产加以说明。

备货生产通常安排最终产品。企业根据对市场需求的预测和成品库需要补充的数量来决定生产什么产品，企业从现有的库存中销售产品。这时，只有单层的 MPS。

订货生产是根据收到的销售订单来确定生产的产品。如果交货期比产品生产提前期长，就不需要预测，MPS 对象是实际订单中的产品，这时，只有单层的 MPS。否则，就需要按产品系列预测产品的需要，按产品安排 MPS。这时，有双层的 MPS。

装配生产是以上两种情况的混合，最终产品由一组种类较少的标准部件装配而成。企业仓库里存放有这些标准部件，按顾客实际订单装配成最终产品。这时，有双层的 MPS，需要预测部件的种类和数量。

（2）MPS 制订程序

MPS 来源于销售计划（客户订单、预测、综合计划），它的制订过程是一个不断平衡关键能力、进行粗能力需求计划运算的反复过程。它在审批确认后，进入 MRP 的制订过程。

（3）MPS 报表及其应用

MPS 以出厂产品为对象，按产品种类分别显示计划报表。MPS 报表的生成主要根据预测和合同信息，显示该产品在未来各时段的需求量、库存量和计划生产量。这里主要对 MPS 需求计算的特点进行说明。

毛需求量是指初步的需求数量。必须明确 MPS 的毛需求量不是预测信息而是生产信息。如何把预测值和实际的合同值组合得出毛需求量，在各个时区的取舍方法是不同的。有的设定需求时界以内各时段的毛需求量以合同为准，需求时界以外的各时段以预测值或者合同值中较大的数值为准，有时在软件屏幕上还单独列出"其他需求"。

计划接收量是指前期已经下达的、正在执行中的订单，将在某时段上的产出数量。计划产出量若经确认，由软件设置显示在计划接收量项目中。最初显示的数量往往是在计划日期前执行中的下达订单，在计划日期之后到达的数量，人工添加的接收量也可在此行显示。

预计可用库存量是指某时段的期末库存量，是现有库存中扣除了用于需求的数量。它同现有量不是同一个概念。计算公式为预计可用库存量 = 前一时段末的可用库存量+本时段计划接收量 − 本时段毛需求量 + 本时段计划产出量。若右侧前三项计算的结果为负值，说明如果不给予补充，将出现短缺。

可供销售量是在某个计划产出时段范围内，计划产出量超出下一次出现计划产出量之前各时段合同量总和的数量，它可以随时向客户出售。该信息主要供销售部门决策使用，它是销售人员同临时来的客户洽商供货条件时的重要依据。可供销售量的计算方法如下：可供销售量（advanable to promise，ATP）= 某时段的计划产出量（包括计划接收量）− 下一次出现计划产出量之前各时段合同量总和。

（4）MPS 确认步骤

在制订了初步的 MPS 后，再进行粗能力平衡，最后提出 MPS 方案。经过审核和批准过的 MPS 方案，能最大限度地符合企业的经营规则。确认 MPS 方案有以下三个步骤：

首先，初步分析 MPS，搞清楚生产规划和 MPS 之间的所有差别。MPS 中产品大类的总数应基本等于相应时期内销售计划的数量。如果不一致，一般情况下改变 MPS。MPS 应尽量与销售计划保持一致。

其次，向负责部门提交初步 MPS 及其分析文件。由企业高层领导负责 MPS 的审核工作，并组织销售、工程技术、生产制造、财务和物料采购等部门参加审核。通过各部门讨论和协商，解决 MPS 中的有关问题。

最后，批准 MPS，并将正式的 MPS 下达给有关部门。召开批准 MPS 会议，阐明解决有关 MPS 问题的方法和选用该方法的原因，并用文字和图表说明。

（5）MPS 重排与部分修订

第一次编制计划的工作比较容易，但是修改计划却是一件繁重的工作。修改计划是不可避免的、经常性的工作。不论是计划变动、产品结构或工艺变动，还是加工件报废，都要修改 MPS 或 MRP。这要求计划员非常熟悉 MRP 控制的原理及方法，熟悉产品结构和各种数据参数，并能灵活熟练地判断和运用。

修改 MPS 或 MRP 有两种方法，一种是全重排法。MPS 完全重新制订，重新展开 BOM，重新编排物料需求的优先顺序，原有计划订单都会被系统删除并重新编排。全重排法的好处是计划全部理顺一遍，避免差错。另一种是净改变法。系统只对订单中有变动的部分进行局部修改（如只变动部分产品结构、需求量和需求日期等）。运行时，只展开受变动影响的部分物料，修改量小，运算时间快，可以随时进行局部修改。一般用于计划变动较多但影响面不大的情况。但是，大量频繁的局部修改可能产生全局性的差错，因此，隔一定时间仍然有必要采用全重排法将全部 MRP 全面理顺一遍。

## 4.2.2 MRP

MRP 是 ERP 系统微观计划阶段的开始，是 ERP 的核心。MPS 只是最终产品计划，一个产品可能由成百上千种相关物料组成；一种物料可能会用在几种产品中，不同产品对同一个物料的需用量又不相同；另外，不同物料的加工周期或采购周期不同，需用日期也不同。MRP 是 MPS 需求的进一步展开，也是实现 MPS 的保证和支持。它根据 MPS、BOM 和物料可用量，计算出企业要生产的全部加工件和采购件的需求量。按照产品出厂的优先顺序，计算出全部加工件和采购件的需求时间，并提出建议性的计划订单。

（1）MRP 的信息处理

MRP 主要根据 MPS 来编制相关需求件计划，它把生产作业计划和物资供应计划统一起来。在 MRP 中要提出每一个加工件和采购件的建议计划，既要说明每种物料的需求量，又要说明每一个加工件的开始日期和完成日期，以及每一个采购件的订货日期和入库日期。

（2）MRP 运算与报表

某时段下层物料的毛需求量根据上层物料在该时段的计划投入量和上下层数量关系计算出来。

本时段预计可用库存量 = 前段时间库存量 + 本时段计划接受量 − 毛需求量。

净需求量 = 毛需求量 − 前段时间预计可用量 + 安全库存量。

计划产出量 = 净需求量（假设不考虑损耗率和成品率等）。再计算该计划产出量的计划投入量。

MRP 是根据确认的 MPS，通过 BOM 展开的。在按日产出率制订作业计划的情况下，MRP 一般不需要确认；对人为变更系统设置的提前期或批量规则（批量规则表示制订 MPS 或 MRP 时，计算物品的计划下达数量所使用的规则）的情况，需要确认 MRP，以免在计划修订时，系统再更改人工设定的参数。无论是计划订单或确认订单，系统都可以转换为下达订单。MRP 报表与 MPS 报表的格式一样，采用横式和竖式两种形式，每项物料有各自的 MRP 报表。单从报表还不能判定 MRP 是否可行。MRP 是否可行，要通过 CRP 来验证。运行 CRP 时，要根据各个物料的工艺路线，把各时段企业要生产的全部物料占用各个工作中心的负荷与工作中心的可用能力进行对比，经过调整，使负荷与能力平衡后，计划才是可行的，只有可执行的计划才能下达。因此，MRP 必须同 CRP 相伴运行。

### 4.2.3 车间作业控制

车间作业控制（shop floor control，SFC）的功能只是执行计划，不能改动计划。SFC 要控制加工单的下达，保证在物料、能力、提前期和工具都齐备的情况下才下达订单，以免造成生产中的混乱；控制加工件在工作中心加工的工序优先级（根据加工单的完工日期）；控制投入和产出的工作量，保持物流稳定，同时控制排队时间、提前期和在制品库存；控制加工成本（包括返修、废品、材料利用和工时等），结清订单，完成库存事务处理。运行 SFC 依据以下主要信息：①MRP 生成的建议计划或确认计划，以及人工添加的订单（加工什么）；②工艺路线文件（加工顺序）；③工作中心文件（在何处加工）；④工艺装备或专用工具。SFC 信息具体反映在加工单、调度单、确定工序优先级、常用调度方法和投入/产出控制方面。

（1）加工单

加工单或者车间订单是一种面向加工件说明 MRP 的文件，就像手工管理的传票，可以跨车间甚至厂际协作。车间作业的优先级主要根据 MRP 要求的计划产出日期。加工单的格式同工艺路线报表很相似，其表头和左侧各栏的信息来自工艺路线文件，只是增加了加工单号、加工单使用日期、每道工序的开始日期和完成日期。

（2）调度单

调度单是一种面向工作中心说明工序优先级的文件，说明工作中心在一周或一个时期内要完成的生产任务；说明哪些工作已经到达，正在排队，应当什么时间开始加工，什么时间完成，加工单的需用日期是哪天，计划加工时数是多少，完成后又应传送给哪道工序；说明哪些工件即将到达，什么时间到，从哪里来。有了调度单，车间调度员、工作中心的操作员对目前和即将到达的任务一目了然。如果在日期或小时数上有问题，也容易及早发现，采取补救措施。

（3）确定工序优先级

确定工序优先级的前提条件是要有可靠的 MPS 和 MRP，调度单上工序优先级一般按照工序开始日期的顺序排列。而工序开始日期又以满足加工单要求的完成日期或需用日期为基准，多数情况下两者的优先顺序是一致的。当在提前期上出现矛盾时，可以用紧迫系数（critical ratio，CR）、最小单个工序平均时差（least slack per operation，LSPO）和最早订单完成日期等方法来确定工序优先级。CR 是到使用日期的剩余天数与需要加工的时间（计划提前期）的比值，若 CR 为负值，说明已经脱期；若 CR 为 1，说明剩余时间刚好够用；若 CR>1，说明剩余时间有富裕；若 CR<1，说明剩余时间不够。CR 值越小，工序优先级越高。一个工件完成后，其余工件的 CR 值将会有变化，应随时调整。LSPO 值越小，剩余未完工序可分摊的平均缓冲时间越短，工序优先级越高。订单完成日期越早，订单工序优先级越高。使用这条规则时，对处于起始工序的订单要慎重，有必要用 LSPO 复核。本规则比较适用于判断工艺路线近似的各种订单，或已处于接近完工工序的各种订单。总之，确定工序优先级主要考虑订单完成日期、至完成日期剩余的时间、剩余的工序数。

（4）常用调度方法

常用调度方法有平行顺序作业、加工单分批、压缩排队等待及传送时间、替代工序或改变工艺等。平行顺序作业是通过设依次顺序作业中下道工序的排队时间为负值来实现。工件在上一个工作中心完成一定数量，不等全部加工完，就部分地传送到下一个工作中心去加工。平行顺序作业可以缩短加工周期，但增加了次数，导致搬运费用相应增加，也有可能出现前道工序加工时间很长、各工序加工时间呈现无规律地长短相间，导致部分工作中心出现窝工等待现象。加工单分批是把原来一张加工单加工的数量分成几批，由几张加工单来完成。采用加工单分批只有在用几个工作中心能完成同样的工作时才有可能，每个工作中心都需要有准备时间，导致准备时间增加。

（5）投入/产出控制

投入/产出控制（input/output control）是控制 CRP 执行的方法，它也可以用来计划和控制排队时间和提前期。投入/产出报表要用到计划投入、实际投入、计划产出、实际产出、计划排队时间、实际排队时间及投入和产出时数的允许差等数据。投入/产出报表还可以用来分析物料流动和排队状况。排队时间相当于已下达订单但尚未完成的拖欠量，并不意味着一定是脱期。如果要减少排队时间，就必须使产出量大于投入量。当拖欠量增大时，不加分析地用延长提前期（放宽工时定额）的办法，过早地下达过多的订单，增加投入只会增加排队时间，积压更多的在制品，人为地破坏了工序优先级，从而造成了更多的拖欠量，形成恶性循环。由能力问题造成的拖欠量只能从能力入手来解决，即加大"出水管"的口径。

# 第 5 章　MES 的功能模型与实现架构

## 5.1　MES 与企业其他管理信息系统的关系分析

企业管理信息系统包括六个部分。

1）ERP 系统。ERP 的核心是实现对整个供应链的有效管理，主要体现在三个方面：①对整个供应链资源进行管理；②实现精益生产、同步工程和敏捷制造；③实现事先计划与事中控制。

2）客户关系管理（customer relationship management，CRM）系统。CRM 系统的目标是提高效率、拓展市场和保留客户。

3）供应链管理（supply chain management，SCM）系统。SCM 系统是对供应链中的信息流、物流和资金流进行设计、规划和控制。通过和商业伙伴的密切配合，以最低的供应链成本向消费者和客户提供产品。

4）产品数据管理（product data management，PDM）系统。以企业的产品为核心，在其全生命周期内，涵盖整个企业和供应链，协同化地支持产品定义信息的生成、管理、分发和使用，充分利用企业现有智力资产，推动创新产品的研发。

5）MES。MES 为企业中其他管理信息系统提供实时数据。

6）T&L［transportation and logistics（运输与物流）］系统。即企业的内外物流系统。

一方面，MES 作为生产制造系统的核心向其他系统提供有关生产的数据，主要包括：①MES 向 ERP 系统提供实际生产数据，如成本、周期时间、产出和其他生产数据。②MES 向 SCM 系统提供当前的订单状态、当前的生产能力及企业中生产换班的相互约束关系。③CRM 系统的成功报价与准时交货，取决于 MES 提供的有关生产的实时数据。④PDM 系统中的产品设计信息，可以基于 MES 的产品产出和生产质量数据进行优化等。⑤MES 向控制层系统提供在一定时间内使整个生产设备以优化方式进行生产的工艺规程、配方和指令等，将其下载。

另一方面，MES 也要从其他管理信息系统中获取相关数据以保证 MES 自身正常运行。例如，MES 中进行生产调度的数据来自 ERP 的计划数据；MES 中生产活动的时间安排需要依据 SCM 系统中的主计划和调度控制；PDM 则为 MES 提供实际生产的工艺文件和各种配方及操作参数；从生产控制管理模块反馈的实时生产状态数据，则被 MES 用于实际生产性能评估和操作条件的判断。

## 5.2　MES 总体模块框架

MES 模型的构建应注重从生产计划下达到成品产出的生产优化信息，即对上层计划管理是执行,对下层控制系统是指挥。将 MES 划分为十个子系统,即生产查询子系统、生产调度子系统、生产监控子系统、质量控制子系统、设备维护子系统、物料跟踪子系统、原辅料消耗与成本管理子系统、能源管理子系统、生产人员管理子系统、安全消防监控子系统。

MES 使用当前的、精确的数据来响应、指导、触发、报告生产现场发生的事件;MES 对制丝、卷接包、库存(原辅材料、烟丝和成品等)及能源动力等实时采集的数据进行分析处理,在此基础上,进行生产调度、指挥生产,必要时,将现场情况报告给厂级领导,为企业决策提供直接的支持。

生产调度功能模块从 ERP 下载产品月生产主计划,分解计划,进行排产和生产调度,生产监控功能通过分析数据采集系统提供的数据,合理地组织生产、优化调度,对底层控制系统发送指令,指导车间的生产活动。

MES 通过原材料与库存控制、设备维护、能源动力管理和生产人力资源管理等功能对生产过程中的人、财及物等资源进行实时地管理。质量检测与控制功能对生产过程中的产品质量实时检测与控制,同时进行质量分析和质量汇总,将汇总结果传送到 ERP 系统,供管理层使用。物料跟踪功能为物料使用和库存提供历史数据,同时提供一个完整的产品系谱,为 ERP 系统提供实际的 BOM,也为生产管理者或某种客户提供对订单完成状况的查询功能,与 ERP 系统实现有效的集成。

生产查询功能提供在 Web 方式下对 MES 的各种数据进行查询。

## 5.3　MES 应用系统的主要业务功能

### 5.3.1　MES 业务平台和应用系统概述

MES 业务平台是 MES 的业务逻辑集合。MES 是使用 MES 开发平台的组件管理能力,将按照 MES 建模形成的各种业务组件(模型)集合形成的业务组件库。

MES 是根据面向对象的开发方式,对业务进行分析,选择合适的模型系统进行描述。业务组件与对象或模型相对应,是 MES 的业务对象库或业务模型库。通过应用开发平台提供的对象关系映射(object relational mapping,ORM)工具,对业务组件(对象)的操作,将映射到数据操作,实现与数据的交互。

MES 业务平台的特点如下:
1)根据 MES 功能模型和卷烟生产具体情况而建模设计、开发。
2)组成平台的业务组件,实现了特定的业务逻辑,以实现商业智能。
3)业务组件之间的关系可以配置,以适应业务重组和流程改变。
4)通过应用开发平台的 ORM 工具,能自动实现与真实数据的交互。

MES 应用系统是 MES 的展现部分,由应用系统框架和界面集(包括窗体 windowsform 和页面 web)组成。基于平台的界面实现,是由界面容器根据界面配置文件,动态加载界面组件完成;界面容器也管理与用户的互操作。因此,构成 MES 应用系统的界面集,是由界面配置文件集及相对应的界面组件库组成。

MES 应用系统的特点如下：
1）充分利用开发平台的组件管理和运行功能。
2）界面由配置文件决定，动态加载，实现界面（功能）的可配置。
3）通过界面（文件）和界面组件的重用，提供软件的重用率。
4）通过业务网关，实现与业务服务器的"透明"连接。

### 5.3.2 MES 应用系统功能模块划分及子系统功能设计

考虑到子系统划分的相对独立性和数据冗余度要求，把 MES 应用系统划分为系统管理、基础数据管理、BOM 管理、计划调度管理、工具管理、设备管理、质量管理、物料库存及在制品管理、成本管理、资料管理和查询统计 11 个子系统。针对各个子系统，依据"弱耦合、强内聚"的模块划分原则划分各子系统功能模块。下面分别介绍各子系统主要功能作用及功能模块。

（1）系统管理子系统

系统管理子系统采用"用户/角色/功能权限"三级权限控制策略，负责 MES 系统运行的权限管理和系统数据维护，为整个生产管理提供安全保障。

（2）基础数据管理子系统

基础数据管理子系统对整个系统运行的公用信息进行集中组织和管理，减少不同子系统之间的数据重复准备。

（3）BOM 管理子系统

BOM 管理子系统提供车间生产的产品物料组成、物料层次和装配信息，方便 BOM 的分解、反查和组合等操作，为计划、库存、成本核算提供运算基础。

（4）计划调度管理子系统

计划调度管理子系统把企业上层的经营目标分解为车间具体的执行计划，如部件的装配计划、零部件的生产计划和工具的需求计划等，并控制下层工段的计划执行。通过生产计划的驱动，促使物流、信息流的顺畅流动，完成生产计划编制、生产调度和生产监督等功能。

1）月、周、日计划的编制与调整。实现厂级生产月计划的分解，进行生产能力分析、作业计划编制及作业均衡优化等。月计划管理在生产计划分解并进行能力平衡后，对关键瓶颈上的生产完成期进行限定，对零部件/产品的生产完工期进行控制。实现月计划的输入、修改、确认、查询；月计划调整模块实现临时计划的追加输入，包括插入的紧急订单、改制品和返回件等，将临时作业计划加入到月生产计划，并进行计划交货期及数量等的临时修改及确认；工序计划的生成模块将零部件月计划或产品装配计划依据工时定额展开成工序加工/装配计划；能力校核模块依据工序的计划及工作中心/班组能力信息审核计划的可执行性，产生能力需求报告；外协计划管理根据月生产计划和车间的人员、设备及场地等综合加工能力，判断是否提出外协生产计划，如是则上报上层管理层批准。提供外协生产任务的计划进度要求，跟踪、查询外协件的完成情况。

周计划管理对周/日生产作业计划进行滚动计划安排，对各生产车间的冲突进行协调，保证生产的正常进行。按照车间的月生产计划、设备当前状况、来料情况和后工序用料情况等信息排定周/日的生产作业计划。

日计划给各工作中心指派任务,进行能力校核,发放调度单,根据生产现场调整日计划,实现动态调度,包括日计划编制、调整、调度,日计划动态修改,日能力需求,制造资源单元复核,日物料需求,以及日工具需求等。

2) 生产作业调度。生产作业调度是在给定生产计划的前提下,针对设备故障、供需变动、工艺切换和资源波动等造成的系统状态变化,进行在线作业计划调整,实时地做出生产方案、工艺路线、资源分配的变动决策,满足主生产指标的最优性,增强应变能力。对生产中的扰动进行动态的实时调度,尽量在原有的调度基础上进行修改,使生产变动在最小的范围内进行,避免大范围调整造成的生产不稳定的状态,保证生产工序生产平稳。当生产调度结果不满足原来的生产目标,如生产任务的完成期发生改变时,具有向上层制造管理部门反映该信息的能力,制造管理部门再将该信息下发给有关的生产部门。

通过生产调度消除设备/人力等资源占用冲突,确保物流状况符合作业计划的要求,根据生产实际数据及时更新相关状态。动态调度是在生产发生未预期实时过程参数变动较大、实际进度与预期进度不符时,对原调度进行修改、调整,以维持生产性能最优的任务,此时企业采用人工参与的实时离线调度。

3) 生产监督。实现生产过程的监督与控制。监督生产指令下达给生产班组后的生产现场执行情况,同时进行物料跟踪,反馈生产指令完成信息、在制品信息及生产进度等,为计划及调度等提供最实时的数据支持。

车间作业涉及在制品加工跟踪、质量检验与控制、在制品在各工序间的转移活动及设备维护与工具管理等活动,这些活动的完成状况对整个车间生产管理具有重要的影响。在生产过程中,合理地安排好生产流程,及时发现并排除故障,使生产中的各道工序处于最佳工作状态。为此,需要监控的生产信息可以分为以下六个方面:①在制品监控,包括对在制品当前所在工作中心/工段、质量检测信息和关键测试数据等的监控;②操作员工监控,包括对操作员工岗位、工作状态、技术水平等级及突发事件处理等的监控;③生产过程监控,包括生产系统物流状态、各生产单元完成工件的品种及数量和各生产单元实际劳动负荷等的监控;④设备监控,包括对设备的当前工作状态、使用负荷和设备利用率等的监控;⑤生产工序监控,包括对直接影响整个生产系统流程的关键工序完成状况的监控,主要是工艺要求高的、生产劳动负荷相对饱和的和生产限制条件较多的工序等的监控;⑥在制品转移监控,包括在制品在不同质量状态下的转移方式和转移过程等的监控。

(5) 工具管理子系统

工具管理子系统对生产过程中刀、夹、量、磨、五金和低值易耗等工具进行管理。根据车间生产计划,分析工具库存信息,上报通用工具的采购、专用工具的复制需求计划。

(6) 设备管理子系统

设备管理子系统对设备基础数据的管理,对设备的运行情况进行记录,统计各种设备使用数据,并具备报表功能。实现设备的规划、选型、购置、安装、使用、维护、修理、改造、更新直至报废的全生命周期管理,详细建立设备的使用、润滑、保养和维护等台账,保证设备的良好技术状态,提高设备利用率,延长设备使用年限,降低备件库存,保障生产的质量和进度。

(7) 质量管理子系统

质量管理子系统从原材料到产品、从加工工序到用户反馈,对整个生产过程进行全面的质量管理。

(8) 物料库存及在制品管理子系统

物料库存及在制品管理子系统真实地反映原材料、半成品、在制品和成品等物料的库存水平和信息,辅助车间的物料管理人员对库存进行全面的控制和管理,为生产的顺畅提供相关的物料库存信息。

(9) 成本管理子系统

成本管理子系统对车间内生产业务进行事前的成本预算和事后的成本核算,包括生产中涉及的材料、工时及制造费用等生产要素,为企业生产经营提供决策支持。

(10) 资料管理子系统

资料管理子系统辅助资料管理员及时掌握、跟踪车间的技术文件、图纸及更改单的使用、更新、借阅和传阅,以实现车间资料的细化管理和有效维护。

(11) 查询统计子系统

查询统计子系统对车间数据进行分类筛选,获得生产、库存、工具、设备和检验等信息;汇总生产完成进度、生产质量、在制品库存和产值等信息;并提供各种分析统计功能,使车间管理层能及时准确地掌握生产实际情况,以利于科学决策;提供与外系统集成的接口,搭建车间生产管理系统与外界其他系统交互的桥梁。

1) 查询管理。主要包括:①在制品生产进度查询。按一定的查询方式查询所有自制件的开工完工及检验信息,找到出现问题的库位,发现可能会造成拖延交货期的隐患,及时纠错,从而督促生产。②装配配套率查询。一件完整的产品由若干个零部件组成,由于自制件生产进度不同、外购件采购时间的差异及自制件中存在相同零部件装配时借用的现象,产品的装配时间、交货期都会受到影响。设计这一模块是为了便于找到影响产品装配的直接原因。

2) 统计管理。完成日计划执行结果输入、汇总及查询;周计划执行的反馈模块汇总周计划的执行情况,输出生产周报;跟踪零部件的加工进度或部件/产品装配进度;在制品的生产现场管理跟踪及查询在制品的各种信息等功能。主要包括以下内容:①日计划反馈;②每天发放调度单、调度日信息的返回;③任务完工的确认,确认车间加工完成;④零部件加工进度或部件/产品装配进度;⑤拖期任务统计;⑥在制品查询;⑦生产报表(月、周、日);⑧工时统计。

3) 分析决策管理。对生产过程中产生不良产品的原因进行分析,追究加工人或检验负责人;当检验发现不良时,需要补料。此时不良产品追加作为新的计划下达生产,在编码上要求与原在制品能够匹配而又有所区别,交货期和生产的工序优先级也应当有所变更;根据标准生产成本与实际生产成本的计算、比较,分析一段时间内出现成本差异的原因,及时调整生产计划或改进生产。

# 第 6 章　企业信息化仿真实验

## 实验一　MRP 仿真实验

（实验 4 学时）

### 1. 实验目的

通过实验课程，让学生深入理解和掌握采购计划的编制方法和过程，并能掌握相关理论，根据生产实践需求，解决 MRP 分解问题。具体主要包括：
1）了解 MRP 的内容和功能。
2）了解 MPS 和 MRP 的关系。
3）了解 MRP 的工作原理。
4）了解 MRP 计算方案各参数的含义及计算原理。

### 2. 实验基本要求

#### 2.1　授课对象

面向大三或大四高年级物流专业本科生或研究生，学生在参加本实验之前，应学习完管理学和物流专业基础课程。

#### 2.2　实验学时和实验组织

4 学时，2 人为一组。

#### 2.3　实验环境

（1）软件设备
Access2003 或其他版本 Access 桌面型数据库；
软件开发平台——VS2010 软件。
（2）硬件设备
一组一台计算机。

### 3. 实验理论

#### 3.1　实验基本原理

MRP 是一种物料管理和生产方式，是 ERP 系统的重要组件，它建立在 MPS 的基础上，根据产品的 BOM、工艺路线、批量政策和提前期等技术及管理特征，生成原材料、毛坯和外购件的采购作业计划与零部件生产、装配的生产作业计划，从而达到有效管理和控制企业物料流动的微观计划。

BOM、MPS 和库存密切相关，通过三者做 MRP 计算可以做出采购计划。

（1）MRP 解决的问题

MRP 体系以物料计划人员或存货管理人员为核心，它的涵盖范围仅为物料管理。主要用于非独立性需求（相关性需求）性质的库存控制。主要解决如下问题：

1）需求什么物料（what）？

2）该物料需求多少（how many）？

3）该物料什么时候需求（when）？

（2）MRP 的基本原理

从相关需求库存问题出发，通过制造业基本方程和制造工程网络，阐述 MRP 的基本思想，由此，将 MRP 的基本原理概括如下：MRP 是在产品结构与制造工艺基础上，利用制造工程网络原理，根据产品结构各层次物料的从属与数量关系，以物料为对象，以产品完工日期为时间基准，按照反工艺顺序的原则，根据各物料的加工提前期确定物料的投入出产数量与日期。MRP 的基本原理如图 6.1 所示。

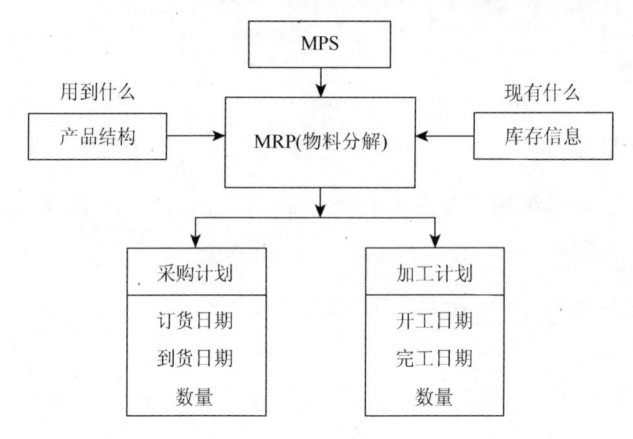

图 6.1 MRP 的基本原理

MPS：根据最终产品生产的进度计划来驱动 MRP 的过程，数量表示生产而不是需求；数量可能是通过客户订单和需求预测合并得到；数量表示需要生产的数量，而不是能够生产的数量。

BOM：BOM 是产品结构的明细单，表示产品如何组成，以及所需零部件数目和制造提前期。

库存信息主要包括当前库存量、计划入库量（在途量）、提前期、订购（生产）批量、安全库存量。

（3）MRP 的运算流程与运行方式

MRP 的运算逻辑基本上遵循如下过程：①按照产品结构进行分解，确定不同层次物料的总需求量；②根据产品最终交货期和生产工艺关系，反推各零部件的投入出产日期；③根据库存状态，确定各物料的净需求量；④根据订货批量与提前期最终确定订货日期与数量。MRP 有两种运行方式，即重新生成与净改变方式。重新生成方式是每隔一定时期，从 MPS 开始，重新计算 MRP。这种方式适合于计划比较稳定、需求变化不大的面向库存生产（make to stock，MTS）。净改变方式是当需求方式变化时，只对发生变化的数据进行处理，计算受影响的零部件的需求变化部分。净改变方式可以随时处理，或者每天结束后进行一次处理。

## 3.2 实验数据模型

模型是对客观事物、现象、过程或系统的简化描述。数据建模是现实世界数据特征的抽象。数据模型包含三要素，即数据结构、数据操作和数据的约束条件。根据实验内容，构建以 BOM 为核心的采购与库存管理数据模型。

### 3.2.1 BOM 的数据内容

BOM 涉及两个方面的数据，即产品及其零部件之间的装配与被装配和零部件之间的装配数量关系。该关系描述了产品与零部件之间的装配关系，以及产品及其零部件的自然属性关系，后者主要包括尺寸、材料、重量、生产类型和提前期等方面。例如，生产类型属性描述了某物料是"制造"或"采购"的特征，提前期则描述了制造或采购的前置时间（lead time），这两个属性与采购息息相关。

### 3.2.2 BOM 数据的描述

对 BOM 的装配关系，BOM 的描述方法有很多（如矩阵式 BOM、层次型 BOM、父子型 BOM 及二叉树型 BOM 等），其中，父子型 BOM 及二叉树型 BOM 应用的范围最广。下面以图 6.2 所示的实例 BOM 结构来说明这两种 BOM 结构。

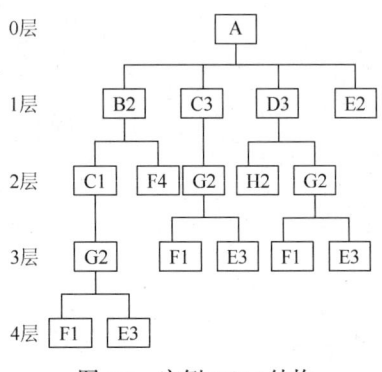

图 6.2 实例 BOM 结构

（1）父子型 BOM

父子型 BOM 数据结构是通过零部件之间的装配与被装配关系来描述的，父子型 BOM 主要有"父件标识"、"子件标识"和"子件对父件的装配数量"三个数据域，主码采用"父件标识"和"子件标识"两个数据域，父子型 BOM 的数据结构类似于链表。如果采用父子型 EBOM/MBOM 数据结构，图 6.2 中的产品数据见表 6.1。

表 6.1　产品的父子型 BOM

| 父件标识码 | 子件标识码 | 子件对父件的装配数量/件 |
| --- | --- | --- |
|  | A | 1 |
| A | B | 2 |
| A | C | 3 |
| A | D | 3 |
| A | E | 2 |
| B | C | 1 |
| B | F | 4 |
| C | G | 2 |
| G | F | 1 |
| G | E | 3 |
| D | H | 2 |

父子型 BOM 数据结构的优点在于众多相互借用的部件及部件的所有下属零部件在父子型 BOM 中只需要描述一次，类似于模块化程序设计中的一个模块，模块一旦定义，就可以在多处使用，从而降低了 BOM 的数据冗余度，提高了 BOM 的数据一致性。

（2）二叉树型 BOM

众所周知，任何一个树状图可以转化为二叉树描述。二叉树型 BOM 数据结构正是基于上述观点的一种 BOM 数据描述方法，在这种描述方法中，二叉树的左子树和右子树定义为"左子右兄"，按照二叉树型 BOM 数据结构描述方法，图 6.2 的数据可以采用图 6.3 表示。

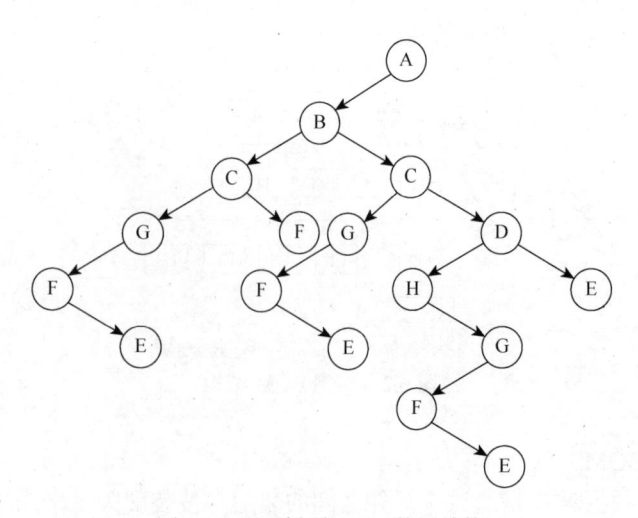

图 6.3　二叉树型 BOM 数据结构

二叉树型 BOM 数据结构同父子型 BOM 数据结构一样，能够实现产品数据重用方面的要求，数据一致性易于维护，数据搜索性能也相近。

## 3.3 实验情境设计

MRP 的制订需要三个关键信息，即 MPS、BOM、库存记录。MPS 是指主生产计划，BOM 是指物料清单。在 MRP 的制订过程中，库存记录的计算方法构成了 MRP 的基本计算模型。设计如下实验情境，某生产抽屉企业的 MPS、BOM 与库存信息如下（图 6.4、图 6.5、表 6.2～表 6.4）。

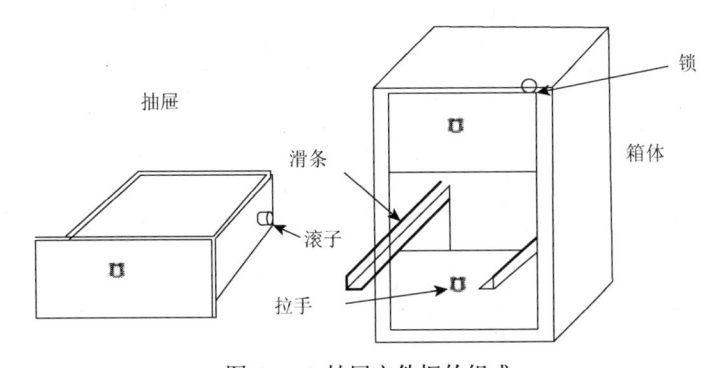

图 6.4　3-抽屉文件柜的组成

**表 6.2　抽屉文件柜及桌子的 MPS**

| 产品 | 周号 |||||||||||| 
|---|---|---|---|---|---|---|---|---|---|---|---|---|
| | 1 | 2 | 3 | 4 | 5 | 6 | 7 | 8 | 9 | 10 | 11 | 12 |
| 001　3-抽屉文件柜 | | | | | | | 100 | | | 100 | | 100 |
| 002　4-抽屉文件柜 | | | | 60 | | | 60 | 120 | | 60 | | |
| 007　桌子 | | | | | | 150 | | | 150 | | 90 | |

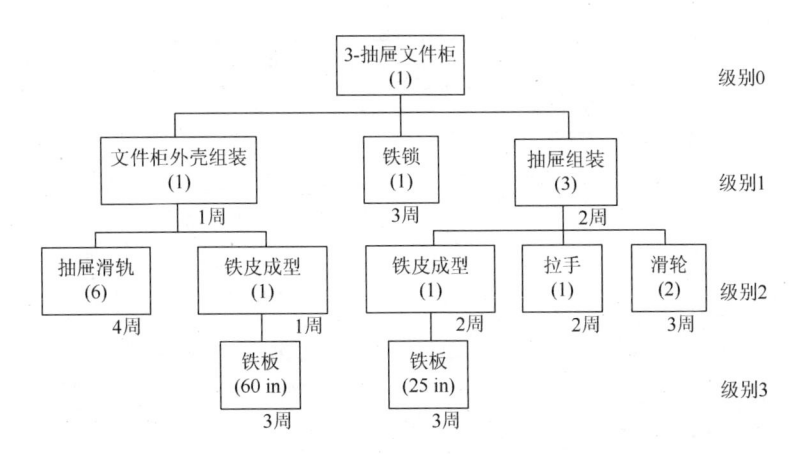

图 6.5　3-抽屉文件柜的 BOM

1 in = 2.54 cm

表 6.3  3-抽屉文件柜的 BOM

| 级别 | 项目 | 计量单位 | 数量 |
| --- | --- | --- | --- |
| 0---- | 3-抽屉文件柜 | 个 | 1 |
| -1--- | 文件柜外壳组装 | 个 | 1 |
| --2-- | 铁皮成型 | 个 | 1 |
| ---3- | 铁板 | in | 60 |
| --2-- | 抽屉滑轨 | 个 | 6 |
| -1--- | 铁锁 | 个 | 1 |
| -1--- | 抽屉组装 | 个 | 3 |
| --2-- | 铁皮成型 | 个 | 1 |
| ---3- | 铁板 | in | 25 |
| --2-- | 拉手 | 个 | 1 |
| --2-- | 滑轮 | 个 | 2 |

表 6.4  库存信息                                    单位：件

| 物料项目 | 当前库存 | 在途订货 | 订货批量 |
| --- | --- | --- | --- |
| 3-抽屉文件柜 | 0 | 0 | 0 |
| 文件柜外壳组装 | 0 | 0 | 0 |
| 铁锁 | 0 | 0 | 0 |
| 抽屉组装 | 0 | 0 | 0 |
| 铁皮成型 | 0 | 0 | 0 |
| 抽屉滑轨 | 30 | 30 | 30 |
| 拉手 | 30 | 30 | 30 |
| 滑轮 | 30 | 30 | 30 |
| 铁板（60in） | 50 | 100 | 100 |
| 铁板（25in） | 50 | 100 | 100 |

## 4. 实验步骤

MRP 实验步骤如下：

1）计算物料的毛需求量。即根据 MPS、BOM 得到第一层级物料品目的毛需求量，再通过第一层级物料品目计算出下一层级物料品目的毛需求量，依次一直往下展开计算，直到最低层级原材料毛坯或采购件为止。

2）净需求量计算。即根据毛需求量、可用库存量和已分配量等计算出每种物料的净需求量。

3）批量计算。即由相关计划人员对物料生产作出批量决定，净需求量计算后都应该表明是否有批量要求。

4）安全库存量、废品率和损耗率等的计算。即由相关计划人员来规划是否要对每个物料的净需求量作这三项计算。

5）下达计划订单。即通过以上计算后，根据提前期生成计划订单。MRP 所生成的计划订单，要通过能力资源平衡确认后，才能开始正式下达计划订单。MRP 输出见表 6.5。

表 6.5 MRP 输出表

| 项目 | PD | 时期/周 ||||||||||||
|---|---|---|---|---|---|---|---|---|---|---|---|---|
| | | 1 | 2 | 3 | 4 | 5 | 6 | 7 | 8 | 9 | 10 | 11 | 12 |
| 总需求/件 | | | | | | | | | | | | | |
| 在途订货/件 | | | | | | | | | | | | | |
| 计划库存/件 | | | | | | | | | | | | | |
| 净需求/件 | | | | | | | | | | | | | |
| 计划应收到订货/件 | | | | | | | | | | | | | |
| 计划应发出订货/件 | | | | | | | | | | | | | |

注：PD 为期末库存量。

## 5. 实验总结

按照实验步骤，完成 MRP 输出。通过实验课程，可以更加深入理解 MRP 的工作原理和掌握采购计划的编制方法和过程，了解 MRP 计算方案各参数的含义及计算原理，根据生产实践需求，解决实际问题。

探讨 MRP 输出表内各变量在 $t$ 和 $t-1$ 时期中的数量关系。计算公式如下：

$$I_t = I_{t-1} + SR_t + PR_t - GR_t; \quad NR_t = GR_t - SR_t - I_{t-1}$$

式中，$I_t$ 为计划库存；SR 为在途订货；PR 为计划应收到订货；GR 为总需求；NR 为净需求。

# 实验二 CRP 仿真实验

（实验×学时）

## 1. 实验目的

1）了解 CRP 的内容和功能。
2）了解粗能力需求计划和细能力需求计划[①]的关系。
3）了解 CRP 计算方案及计算原理。
4）掌握 CRP 管理业务的流程。

---

① 粗能力需求计划（rough cut capacity planning，RCCP，又被称为产能负荷分析）；细能力需求计划（capacity requirement planning，CRP，又被称为能力需求计划）。

## 2. 实验基本要求

### 2.1 授课对象

××××××

### 2.2 实验学时和实验组织

×学时，×人为一组。

### 2.3 实验环境

精益生产管理教学系统；客户端 PC。

## 3. 实验理论

### 3.1 什么是 CRP

CRP 是对生产过程中所需的能力进行核算的计划方法，确定生产资源是否有足够能力来满足生产需求，协调能力需求和可用能力之间的关系。

CRP 是对 MRP 所需能力进行核算的一种计划管理方法。具体地讲，CRP 是对各生产阶段和各工作中心所需的各种资源进行精确计算，得出人力负荷和设备负荷等资源负荷情况，并做好生产能力负荷的平衡工作。

CRP 是帮助企业在分析 MRP 后产生一个切实可行的能力执行计划的功能模块。该模块帮助企业在现有生产能力的基础上，及早发现能力的瓶颈所在，提出切实可行的解决方案，从而为企业实现生产任务提供能力方面的保证。其实，CRP 制订的过程是一个平衡企业各工作中心所要承担的资源负荷和实际具有的可用能力的过程，即根据各个工作中心的 MRP 和各物料的工艺路线，对各生产工序和各工作中心所需的各种资源进行精确计算，得出人力负荷和设备负荷等资源负荷情况，然后根据工作中心各时段的可用能力对各工作中心的能力与负荷进行平衡，以便实现企业的生产计划。

### 3.2 分类和作用

广义的 CRP 分为粗能力需求计划（rough cut capacity planning，RCCP，又被称为产能负荷分析）和细能力需求计划（capacity requirement planning，CRP，又被称为能力需求计划）。

（1）粗能力需求计划

粗能力需求计划是指在闭环 MRP 设定完毕 MPS 后，通过对关键工作中心生产能力和计划生产量的对比，判断 MPS 是否可行。

（2）细能力需求计划

细能力需求计划是指在闭环 MRP 通过 MRP 运算得出对各种物料的需求量后，计算各时段分配给工作中心的工作量，判断是否超出该工作中心的最大工作能力，并做出调整。

CRP 可以解决以下三个问题：
1）各个物料经过哪些工作中心加工？
2）各工作中心的可用能力和负荷是多少？
3）工作中心各时段的可用能力和负荷是多少？

CRP 中的细能力需求计划与粗能力需求计划的功能相似，都是为了平衡工作中心的能力负荷，从而保证计划的可行性与可靠性。但细能力需求计划与粗能力需求计划又有所区别（表 6.6）。

表 6.6　粗能力需求计划与细能力需求计划的区别

| 对比项目 | 区别 ||
| --- | --- | --- |
|  | 粗能力需求计划 | 细能力需求计划 |
| 计划阶段 | MRP 制订阶段 | MRP 制订阶段与统计过程控制[1]判断阶段 |
| CRP 对象 | 关键工作中心 | MRP 涉及的所有工作中心 |
| 负荷计算对象 | 最终产品和独立需求物料 | 相关需求物料 |
| 计划的订单类型 | 计划及确认的订单（不含已下达的计划订单） | 所有订单（含已下达的计划订单） |
| 使用的工作日历 | 工厂工作日历或工作中心日历 | 工作中心日历 |
| 计划提前期考虑 | 以计划周期为最小单位 | 物料的开始与完工时间，精确到天或小时 |

1）统计过程控制（statistical process control，SPC）

### 3.3　制造需求计划中 CRP 模块的功能

制造需求计划中 CRP 模块的功能包括以下八个方面：
1）实时维护资源清单，同时提供直接由工艺流程数据生成的资源。
2）可变的能力核算展望期定义及维护。
3）灵活的粗能力需求计划报表（分时段汇总及明细）。
4）精确的细能力需求计划，考虑车间在制品和工种。
5）支持正向（forward）及反向（backward）两种排序方法。
6）工作中心能力的输入/输出控制的实时维护。
7）可变的时间周期长度和周期数。
8）具有反查功能的能力需求查询/报告，可反查到 MPS 和 MRP。

## 4. 实验内容及步骤

### 4.1　计算模型

考虑 CRP 的计算方法时，需要把 MRP 的物料需求量转换为负荷小时，即把物料需求转换为对能力的需求。不但要考虑 MRP 的计划订单,还要结合工作中心和生产日历,同时还要考虑工作中心的停工及维修情况,最后确定各工作中心在各时段的可用能力,CRP 计算模型如图 6.6 所示。

**工作中心WC01的MRP（下达及确认）**

| 周 | 1 | 2 | 3 | 4 | 5 |
|---|---|---|---|---|---|
| 物品A | 10 |  | 5 | 10 |  |
| 物品B |  | 10 | 6 |  | 5 |

**工作中心WC01的MRP**

| 周 | 1 | 2 | 3 | 4 | 5 |
|---|---|---|---|---|---|
| 物品A | 5 |  | 10 |  |  |
| 物品B |  | 5 |  | 10 |  |

**工艺路线**

| 工作中心 | 物品 | 能力类别 | 能力数据 | 能力单位 |
|---|---|---|---|---|
|  | 物品A | 工时 | 10 | h |
|  | 物品B | 工时 | 5 | h |

**能力数据**
工作中心：WC01
能力类别：工时
能力数据：100
能力单位：h/周

**工作中心WC01负荷能力计算**

|  | 1 | 2 | 3 | 4 | 5 |
|---|---|---|---|---|---|
| 过去需求负荷 | 100 | 50 | 80 | 100 | 25 |
| 计划需求负荷 | 50 | 25 | 100 | 50 |  |
| 总负荷 | 150 | 75 | 180 | 150 | 25 |
| 平均能力 | 100 | 100 | 100 | 100 | 100 |
| 余/欠能力 | −50 | 25 | −80 | −50 | 75 |
| 累计余/欠能力 | −50 | −25 | −105 | −155 | −80 |

工作中心日历

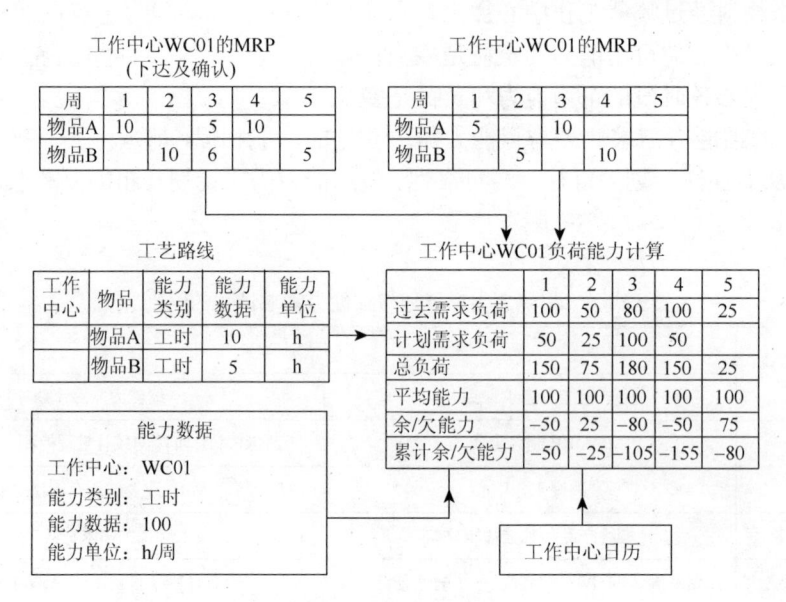

图 6.6　CRP 计算模型

### 4.2　业务流程

CRP 管理业务数据流程图（第二层），如图 6.7 所示。

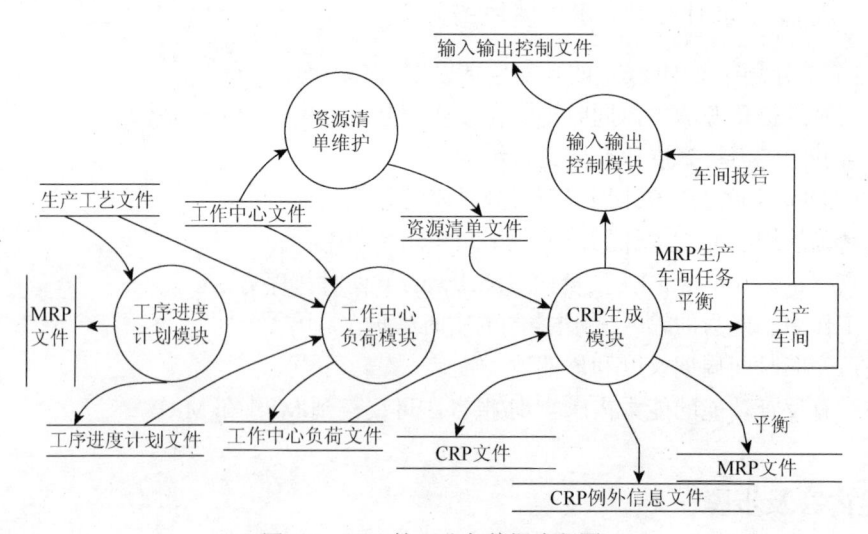

图 6.7　CRP 管理业务数据流程图

从图 6.7 所示中可知,主要业务部门是生产车间；数据由生产工艺文件取出后,进入工序进度计划模块进行加工处理,将加工处理后的数据存入 MRP 文件和工序进度计划文件;工作中心负荷模块从生产工艺文件和工序进度计划文件及工作中心文件中读取数据并进行加工处理后,将加工处理后的数据存入工作中心负荷文件中;CRP 生成模块从工作中心负荷文件和资源清单文件中读取数据并进行加工处理后,将加工处理后的数据存入 CRP 文件和 CRP 例外信息文件及 MRP 文件中,并将其传入生产车间进行生产计划处理,同时传入输入输出控制模块进行加工处理,将加工处理后的数据存入输入输出控制文件中。

### 4.3 制订流程

CRP 的制订流程如图 6.8 所示。

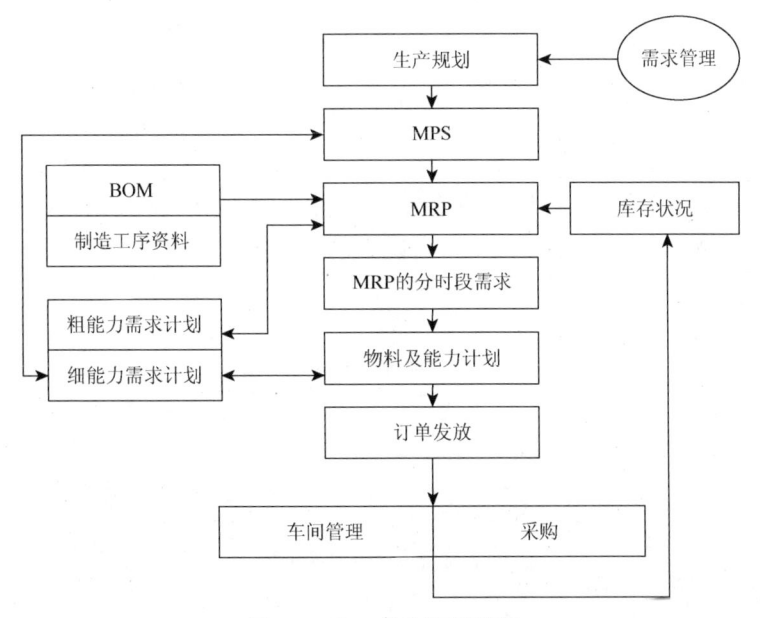

图 6.8 CRP 的制订流程图

通常,编制 CRP 的方式有无限能力负荷计划和有限能力负荷计划两种。无限能力负荷计算是指在不限制能力负荷情况下进行能力计算,即从订单交货期开始,采用倒排方式根据各自的工艺路线中的工作中心安排工时定额进行计算。但是,这种计算只是暂时不考虑能力负荷的限制,在实际执行计划过程中不管由于什么原因,如果企业不能按时完成订单,就必须采用顺排生产计划、加班、外协加工和替代工序等方式来保证交货期。这时,有限能力负荷计算方式比较适用。有限能力负荷计算是假定工作中心的能力不变,把拖期订单的当期日期剩下的工序作为首序,向前顺排,对后续工序在能力允许下采取连续顺排不断地实现计划,以挽回订单交货期。

一般来说,编制 CRP 遵照如下思路:首先,将 MRP 的各时段内需要加工的所有制造件通过工艺路线文件进行编制,得到所需要的各工作中心的负荷;其次,再同各工作中心的额定能力进行比较,提出按时段划分的各工作中心的负荷报告;最后,由企业根据报告提供的负荷情况及订单的优先级因素加以调整和平衡。具体编制步骤如下。

（1）收集数据

CRP 计算的数据量相当大，通常，CRP 在具体计算时，可根据 MRP 下达的计划订单中的数量及需求时段，乘上各自的工艺路线中的定额工时时间，转换为需求资源清单，加上车间中尚未完成的订单中的工作中心工时，成为总需求资源。再根据现有的实际能力建立工作中心可用能力清单，具备这些数据，才能进行 CRP 的计算与平衡。

（2）计算与分析负荷

将所有的任务单分派到有关的工作中心，确定有关工作中心的负荷，并从任务单的工艺路线记录中计算每个有关工作中心的负荷。然后分析每个工作中心的负荷情况，确认各种具体问题的原因所在，以便正确地解决问题。

（3）能力/负荷调整

解决负荷过小或超负荷能力问题的方法有三种，即调整能力、调整负荷及同时调整能力和负荷。

（4）确认 CRP

在经过分析和调整后，将已修改的数据重新输入到相关的文件记录中，通过多次调整，在能力和负荷达到平衡时，确认 CRP，正式下达任务单。

CRP 的工作流程如图 6.9 所示。

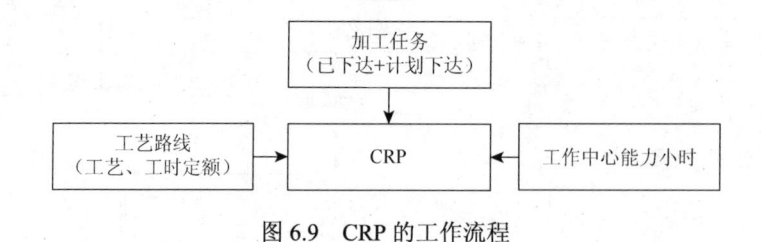

图 6.9 CRP 的工作流程

## 4.4 案例分析

案例：ERP 环境下 CRP 的分析与设计

CRP 是 ERP 系统中重要的反馈环节，是对生产过程中所需要的能力进行核算的计划方法，系统根据 MRP 任务、最终装配计划任务和车间在制任务编制 CRP，分析各工作中心的能力、负荷分布情况，使决策人员及早发现生产安排问题，采取相应措施及时调整生产任务，使任务安排更为合理、顺畅，充分利用资源，节约资金，创造更大的效益。

CRP 还能对企业的技术改造规划提供有价值的信息，找出真正的瓶颈问题，目的是设计 CRP 系统，并利用微软公司提供的新的集成开发环境.NET 框架实现 CRP 理论。

### 4.4.1 数据库驱动的 ERP 系统体系结构

ERP 系统以 Web 站点的形式存在于互联网上（也可以是企业的局域网），客户端利用浏览器作为输入界面，输入必要的数据，浏览器将这些数据传送至服务器网站，网站对输入的数据进行处理，并将执行后的结果返回给浏览器，通过浏览器将最终的执行结果提交给用户。也就是说，客户机可以通过网络从数据库中获得数据，并在服务器端执行必要的处理后，创建动态的 Web 页面，然后把完成的 Web 页面发送到用户浏览器，显示在 Web 页面中（图 6.10）。

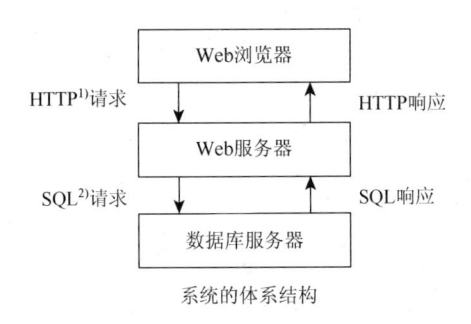

图 5　ERP 系统体系结构

1）超文本传输协议（hyper text transfer protocol，HTTP）
2）结构化查询语言（structured query language，SQL）

### 4.4.2　系统开发环境

系统开发环境包括硬件环境和软件环境。

1）硬件环境。系统开发是在一个局域网络环境中进行的，包括一台惠普服务器兼当 Web 服务器和数据库服务器，客户机由 16 台高性能的 PC 机组成，并配置高效率的交换机作为网络信息传输的桥梁。

2）软件环境。服务器操作系统是 Windows Server 2003 Enterprise Edition，并且在服务器中安装了 SQL Server 2000 数据库管理系统，客户机安装 Windows 98 及以上版本的操作系统。

3）开发工具。在进行数据库建模的过程中，使用 Power Designer 作为数据库建模工具；在 Web 应用程序开发过程中，使用 Microsoft Visual Studio.NET2003 集成开发环境作为软件开发工具，使用 Microsoft Internet 信息服务（IIS）管理器 6.0 作为 Web 服务器，以及 Microsoft Internet Explorer 6.0 作为 Web 浏览器。

### 4.4.3　基于 Web 的 CRP 系统的设计

（1）CRP 系统分析

本系统的主要任务是根据 MRP 任务、最终装配计划任务和车间在制任务生成 CRP。系统提供对 CRP 的各种查询功能，如工序进度计划查询、日能力负荷查询、CRP 查询、能力负荷比较图。

CRP 的对象是工作中心。CRP 逻辑流程图如图 6.7 所示。

它不仅考虑 MRP 的计划订单和已下达但尚未完成的订单所需的负荷，还需要结合工作中心的工作日历，考虑工作中心的停工及维修等非工作日，确定各工作中心在各时段的可用能力。

编制 CRP 的具体做法包括五个方面。

1）收集数据。CRP 主要收集的数据包括：①任务单数据。任务单是下达生产制造指令有关的数据，其内容是经过 MRP 运算后或企业自行下达的加工任务书，根据其不同阶段和状态可分为 MRP 计划任务单、确认任务单和投放任务单。②工作中心数据。工作中心是能力的基本单元，其基本数据包括每天班次、每班小时数、每班人数、设备数、效率、利用率和超额系数。③工艺路线数据。工艺路线是表达 BOM 中描述物料加工、零部件装配操作顺序的技术文件。工艺路线描述一个和多个物料从一个状态到另一个状态的过程，是能力需求运算的重要信息，主要提供加工工序、工作中心和加工时段数据。④工厂日历。工厂日历是企业用于编制 CRP 的特殊日历，该日历将不工作的日期排除。

2）计算负荷。将所有的任务单分派到有关的工作中心（不考虑能力的限制），然后确定有关工作中心的负荷，并从工艺路线文件中计算出每个有关工作中心的负荷。不同的工作中心按时段合并。

3）分析负荷。比较后分析各工作中心负荷情况，如果出现超负荷，找出造成超负荷的原因，以便正确解决问题。

4）能力/负荷调整。CRP 中包括两个要素，即能力和负荷。在解决负荷过小或超负荷的能力时，应视具体情况对能力和负荷进行调整，即调整能力、调整负荷及同时调整能力和负荷。调整能力的方法包括加班、增加人员与设备、提高效率、更改工艺路线和增加外协等。调整负荷的方法包括修改计划、调整生产批量、推迟交货、撤销订单和交叉作业等。

5）确认计划。在经过分析与调整后，将已确定的调整措施中有关的修改数据重新输入到相关的文件记录中。通过反复地平衡和调整，达到平衡时即可确认 CRP，正式下达任务单。

（2）CRP 系统的数据流

ERP 系统的目的归根到底是数据的管理，数据流动是其精髓。因此，CRP 数据流动的正确与否直接影响整个系统的运行质量。数据流也是系统实现的重要依据。CRP 系统的数据流图如图 6.8 所示。

（3）系统功能模块的划分

CRP 子系统主要分为基础数据定义、计划生成和计划查询三个模块。各功能模块的划分如图 6.9 所示。

工艺路线数据的准确性直接影响能力平衡和车间作业计划的结果，为保证系统的正确运行，特别是能力平衡的有效性，除保证工艺路线数据的完整性外，还应尽量保证工时定额准确。

企业日历是执行计划系统及车间系统的时间依据。根据企业的生产安排，设定休息日，执行企业日历生成功能，生成准确的企业日历数据，以保证各种计划数据的正确性。

能力统计期定义是依据管理业务的需要预定义统计时间区域的一种方法。CRP 生成将按用户在此定义的统计期汇总每一个工作中心在每一个统计期间内的能力和负荷结果。

需要定义的能力统计期最大数目取决于用户定义统计期的天数大小、日历选择和 MRP，以及最终装配计划的展望期天数。

生成 CRP 是根据 MRP 任务、最终装配计划任务和车间在制任务，并按最早开工或最晚开工计划生成工序进度计划、日能力需求计划和 CRP。计划生成过程中，如有问题，生成相应的例外信息，用户可以根据例外信息，检查数据给定是否合理，并进行修改和确认，然后再执行生成功能。

计划查询主要提供各种查询功能，从而使决策人员及早发现生产安排问题。

### 4.4.4 CRP 系统的实现

CRP 系统采用浏览器/服务器（browser/server，B/S）模式设计，应用前台代码与后台代码分离技术实现。其中，后台应用 C#高级语言编制，用以完成数据库连接、数据查询和调用存储过程等。前台应用超文本标记语言（hyper text markup language，HTML）编制，用以定义 Web 页面的内容和外观。

### 4.4.5 系统运行效果

系统运行界面分成三个区域：界面最上端显示本系统的版本信息、版权所有信息及访问其他网络资源的入口；界面左下侧是菜单树，共分三级，第一级为系统菜单，第二级为功能菜单，第三级为打开功能页面；界面右下侧是功能界面。图 6.10 是 CRP 生成的功能界面。

ERP 理论的先进性与复杂性决定了 ERP 系统开发的艰巨性和复杂性，但是随着网络技术的迅速发展及先进开发工具的出现，ERP 理论可以通过计算机实现，通过使用.NET 开发平台及数据库技术，实现了 CRP 理论与先进网络技术的结合，具有非常重要的实际意义。

## 5. 实验总结

通过实验课程，让学生深入理解和掌握 CRP 方法和过程，掌握计算模型及业务流程，并能运用相关理论，根据生产实践需求，解决问题。

# 实验三　粗能力需求计划仿真实验
（实验×学时）

## 1. 实验目的

1）熟悉粗能力需求计划的主要内容。
2）掌握粗能力需求计划的计算流程。
3）熟悉粗能力需求计划的思想和内容。

## 2. 实验基本要求

### 2.1 授课对象

××××××

### 2.2 实验学时和实验组织

×学时，×人为一组。

### 2.3 实验环境

精益生产管理教学系统；客户端 PC。

## 3. 实验理论

### 3.1 定义

粗能力需求计划是指在闭环物料需求计划设定完毕 MPS 后，通过对关键工作中心生产能力和计划生产量的对比，判断 MPS 是否可行。它的 CRP 对象只针对设置为"关键工作中心"的工作能力。粗能力需求计划流程如图 6.11 所示。

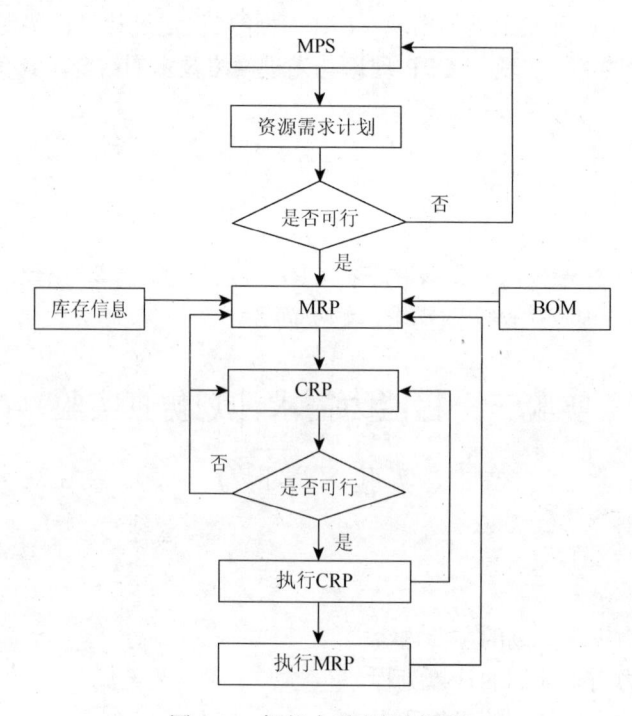

图 6.11 粗能力需求计划流程

闭环 MRP 是在 MRP 的基础上，增加对投入与产出的控制，即对企业能力进行校检、执行和控制。闭环 MRP 理论认为，只有在考虑能力的约束，或者对能力提出需求计划，在满足能力需求的前提下，MRP 才能保证物料需求的执行和实现。在这种思想要求下，企业必须对投入与产出进行控制，即对企业能力进行校检、执行和控制。在 MRP 执行之前，要由 CRP 核算企业工作中心的生产能力和需求负荷之间的平衡情况。

MPS 是闭环物料需求计划系统的一部分。MPS 的实质是保证销售规划和生产规划对规定的需求（需求什么、需求多少和什么时候需求）与所使用的资源取得一致。MPS 考虑了经营规划和销售规划，使生产规划与其相协调。它着眼于销售什么和能够制造什么，这能为生产车间制订一个合适的"主生产进度计划"，并且以粗能力数据调整该计划，直到负荷平衡。

工作中心是生产加工单元的统称，是 ERP 系统的基本加工单位，是进行 MRP 与 CRP 运算的基本资料。

（1）工作中心的作用

1）工作中心是 MRP 与 CRP 运算的基本单位。

2）工作中心是定义物品工艺路线的依据。

3）工作中心是车间作业安排的基本单元。

（2）工作中心数据

1）工作中心基本数据。主要包括工作中心代码、工作中心名称、工作中心简称、工作中心说明、车间代码、人员每日班次、每班工作小时数、工作中心每班平均人数、设备数（单班、双班和三班等）及是否为关键工作中心等。

2）工作中心能力数据。这是指工作中心每日可以提供的工人工时、机台时或加工完工的产品数量。工作中心能力数据由历史统计数据分析得到，计算如下：

$$工作中心能力 = 每日班次 \times 每班工作小时数 \times 效率 \times 利用率$$

其中，效率 = 完成的标准定额小时数/实际工作小时数或效率 = 实际完成产量/完成的标准定额产量。

$$利用率 = 实际直接工作小时数/计划工作小时数$$

上式中的工作小时可以是工人工时、机器台时或者综合考虑的有效时数。

粗能力需求计划只计算关键工作中心的能力和负荷，细能力需求计划计算所有工作中心的能力和负荷。

关键工作中心也称瓶颈工序（bottleneck），是短期内生产能力无法自由增加的工作中心，在企业制造流程中处于关键或瓶颈部位，是粗能力需求计划的计算对象。

其特点包括：

1）经常加班，满负荷工作。

2）操作技术要求高，工人操作技术要求熟练，短期内无法自由增加人（负荷和产量）。

3）采用专用设备，而且设备昂贵。

4）存在多种限制，如短期内不能随便增加负荷和产量（通常受场地和成本等约束）。

典型事例包括：
1）瓶颈工作中心。
2）较高价值的工厂/设备。
3）具有独特能力的机器。
4）生产能力有限的供应商/有独特能力的供应商。
5）有独特技艺的人员（工人）。

注意，关键工作中心会随加工工艺、生产条件、产品类型和生产产品等条件而变化，并非一成不变，不要混同于重要设备。

生产能力是指在计划期内，企业参与生产的全部固定资产，在既定的组织技术条件下，所能生产的产品数量，或者能够处理的原材料数量。生产能力是反映企业拥有的加工能力的一个技术参数，也可以反映企业的生产规模。每位企业主管之所以十分关心生产能力，是因为其随时需要知道企业的生产能力能否与市场需求相适应：当市场需求旺盛时，需要考虑如何增加生产能力，以满足市场需求的增长；当市场需求不足时，需要考虑如何缩小规模，避免生产能力过剩，尽可能减少损失。

生产能力是反映企业生产可能性的一个重要指标。

### 3.2 粗能力需求计划的作用

粗能力需求计划是伴随 MPS 运行的，是一种中期计划。由于这时还没有展开计算所有物料的需求，不可能知道所有工作中心的负荷情况，只能根据经验对关键工作中心（瓶颈工序）的负荷进行粗略的估计。

粗能力需求计划对关键工作中心的能力进行运算，从而对 MPS 的可行性进行确认，未进行能力平衡的 MPS 是不可靠的。

粗能力需求计划的编制忽略了一些基本信息，以便简化和加快 CRP 的处理过程。粗能力需求计划的处理过程直接将 MPS 与执行这些生产任务的加工和装配工作中心联系起来，所以，它可以在能力使用方面评价 MPS 的可执行性。顾名思义，粗能力需求计划仅对 MPS 所需的关键生产能力进行粗略的估算，确定能力需求的概貌。粗能力需求计划的处理一般只考虑每月在 MPS 中的主要变化。尽管 MPS 的计划周期为周，但粗能力需求计划可以每月做一次，将 MPS 中每周的生产量汇总为当月的生产量，这样对以月为计划周期的 MPS 编制粗能力需求计划，更加便于进行能力管理。粗能力需求计划的编制可以分为两种方法：①用能力清单（资源清单）编制；②用分时间周期的能力清单（资源清单）编制。

### 3.3 粗能力需求计划的处理过程

在 MPS 投放前，必须考虑关键资源的能力和负荷，以判断其能否满足 MPS 的能力需求。粗能力需求计划只考虑 MPS 中涉及的各关键工作中心的能力，计算量较小、花费时间较少，是一种简略的能力核定方法。

粗能力需求计划的处理过程是将成品的生产计划转换成对相对的工作中心的能力需求。该生产计划可以是由综合计量单位表示的生产计划大纲，也可以是产品、产品组的较详细的

MPS。将粗能力需求计划用于生产计划大纲或 MPS，并没有什么原则差别。

粗能力需求计划应用三种方式以机器负载报告来定义产能需求。

1）综合因素能力规划（capacity planning using overall factors，CPOF）：所需数据和计算最少。

2）劳动方法清单（bill of labor approach，BOLA）：使用每个产品在主要资源的标准工时的详细数据。标准工时是一个正常工人以平常的步调工作，生产一项产品一个单位再加上宽放的时间。所有零部件的标准工时已经考虑休息的宽放和延迟的宽放等。

3）资源概况方法（resource profile approach，RPA）：除了标准工时的数据外，尚需要考虑前置时间。

**4. 实验内容及步骤**

4.1　计算理论

粗能力需求计划在 MPS 之后运行，它只针对 MPS 生成的生产计划单进行计算。由于这时候还没有展开所有物料的需求，不可能对所有物料的需求进行计算，当然更无法对所有工作中心进行能力和负荷计算。一般根据粗能力需求计划计算的结果和计划员的经验对关键工作中心的负荷进行粗略的估计。在运行粗能力需求计划前，ERP 系统需要了解五个方面的信息：

1）主生产计划单。由 MPS 生成，是粗能力需求计划计算负荷的主要数据来源，主要统计这些计划单中生产数量、计划开工日期和计划完工日期等信息。

2）工艺路线中关于物料在关键工作中心的作业时间。

3）工厂日历中关于工作日和非工作日的定义。

4）工作中心能力数据。根据工作中心设备数、效率、利用率、班次和工时等计算得出。

5）在给定时间内，关键工作中心已经被占用的工时数。

根据 1）和 2）可以得出生产计划所需要的能力，即分配到各工作中心的负荷，而根据 3）和 4）则可以得出目前该工作中心的可用能力情况。在 ERP 系统中，一般通过资源清单法进行粗能力需求计划计算。资源清单法主要是通过每种产品的数量、每月占用关键工作中心的负荷工时与关键工作中心的能力进行对比。该方法不能按照时段进行详细分析，目前常用的粗能力需求计划的编制方法是资源清单法。

为了执行粗能力需求计划，必须首先构造能力清单（bill of labor，BOL）。BOL 包括关于每个关键工作中心的负荷（load）和偏置时间（time off-set）的信息。

（1）负荷

负荷是指为生产一个单位的 MPS 物料所需的对某个关键工作中心的准备和加工时间，这个时间包括了对该 MPS 物料的所有经过此工作中心的子项物料的准备和加工所需的时间。

（2）偏置时间

偏置时间（也称偏置期）是指物料开始使用工作中心的日期到最终产品完工日期之间的时间间隔，即指开始投入物料进行加工的日期相对于最终产品完工日期的提前天数，偏置期决定负荷在工作中心发生的具体时间。

### 4.2 计算步骤

在粗能力需求计划中，主要的输入信息包括：
1）MPS 所产生的生产计划。
2）关键工作中心被占用的工时数。
3）关键工作中心的能力。

根据以上信息，通过粗能力需求计划，可以计算关键工作中心的负荷情况。

某些 ERP 系统，在制订粗能力需求计划前，需要先生成粗能力清单，用来收集 MPS 物料及其下级物料在相关的工作中心的标准工时信息，并进行归案。当下列信息发生变化时，需要重新生成粗能力清单。
1）物料工艺路线发生变更。
2）物料工艺路线相关的工作中心的数据（标准工时等）发生变更。
3）物料主文件信息发生变更。
4）物料相关的物料清单发生变更。

第一步，建立关键中心资源清单。资源清单说明每种产品的数量及各月占用关键工作中心的负荷小时数，同时与关键工作中心的能力进行对比（CRP 的负荷，只考虑准备时间和加工时间，即实际占用工作中心的时间）。表 6.7 是一个资源清单。

表 6.7 资源清单

| 需求 | | | | | 供应 | | | | |
|---|---|---|---|---|---|---|---|---|---|
| 产品 | | | | | 关键工作中心 | | | | |
| | A | B | C | … | 编码 | 名称/能力单位 | 月能力/h | | |
| | | | | | | | 需用 | 可用 | 最大 |
| 数量/台 | 15 | 60 | 20 | … | | | | | |
| 工作中心负荷/h | 20 | 80 | 30 | … | 1100 | 数控冲床/h | 130 | 140 | 150 |
| | 40 | 120 | 50 | … | 4230 | 大立车/h | 210 | 256 | 320 |
| | 130 | 150 | | … | 4700 | 铣镗床/h | 280 | 240 | 300 |
| | 80 | 300 | 120 | … | 5200 | 装配/m² | 500 | 500 | 500 |

第二步，判定各时段能力负荷。在产品的计划期内，对超负荷的关键工作中心，要进一步确定其负荷出现的时段。MPS 的计划对象主要是产品结构中 0 层的独立需求型物料，但是这个独立需求件的工艺路线中（如装配工艺）往往并不一定含有关键工作中心。对这个产品来讲，它涉及的关键工作中心往往在其下属低层某个子件的工艺路线上出现。

如图 6.12 中，X、Y 是独立需求件，B、C 是 X 的下层物料，M、N 是 Y 的下层物料，它们都要使用同一个关键工作中心。这些物料使用关键工作中心的日期同最终产品完工日期之间的时间间隔，称为偏置天数或提前期偏置（days off-set 或 leadtime off-set）。计算关键工作中心负荷时，只有说明发生这个负荷相对于 MPS 最终产品完工日期的偏置天数，才能说明出现超负荷的具体时段。偏置天数由 BOM 文件中的累计提前期推算确定。

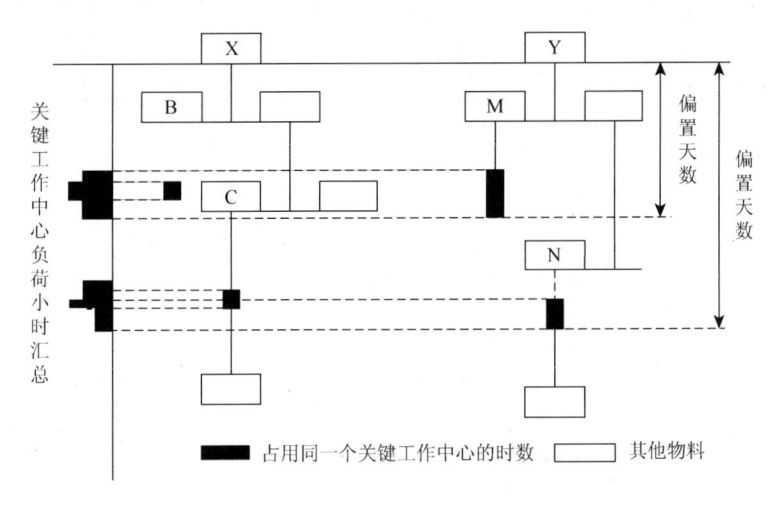

图 6.12 关键工作中心偏置天数

第三步，生成粗能力需求计划。

$$粗能力需求计划 = 工作中心资源清单 + 时段负荷情况$$

第四步，分析各时段负荷原因。随着粗能力需求计划的生成，各时段工作中心的负荷量已经比较清楚，此时管理者关心各时段造成工作中心超负荷的起因。起因中包含引起超负荷的产品及其部件的编号和名称，该部件在 BOM 中所处的位置，以及部件加工时占用资源情况的详细信息等，这些信息将帮助计划制订者在物料需求和生产能力之间寻求平衡。

第五步，调整生产能力和需求计划。粗能力需求计划过程的尾部环节将会对生产能力和物料需求进行初步的平衡性调整。如果粗能力需求计划的计算表明存在能力或资源的短缺，那么，在批准 MPS 之前，必须解决这一问题，或者增加能力或资源，或者调整 MPS。如果必须调整 MPS 以协调资源短缺，那么，这种调整一定要反映在最后的 MPS 中。

原则上的调整方法有减轻负荷和增加能力两种，如延长交货期、取消部分订单、加班加点和增加设备等。

由表 6.7 可知，某一个月 3 种产品 A、B、C 的负荷情况，表明该月铣镗床能力有问题，但没有超过最大能力，有可能通过加班解决。

粗能力需求计划所用的代表工艺路线把 MPS 物料和所需的关键工作中心联系起来，按日期产生对关键工作中心的粗能力需求。以周为时区把这些粗能力需求汇总，形成粗能力需求计划报告。粗能力需求计划报告可以以表格或直方图的形式输出，输出内容要包括关键工作中心的代码及描述、时区日期、在一个时区内总的能力需求及总的能力可用量（图 6.13）。

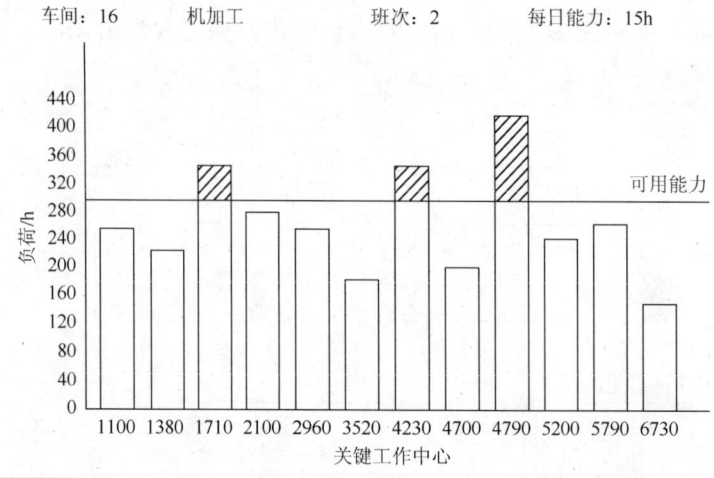

车间: 16　　　机加工　　　班次: 2　　　每日能力: 15h

| 关键工作中心 | 1100 | 1380 | 1710 | 2100 | 2960 | 3520 | 4230 | 4700 | 4790 | 5200 | 5790 | 6730 |
|---|---|---|---|---|---|---|---|---|---|---|---|---|
| 日期 | 1/01 | 2/01 | 3/01 | 4/01 | 5/01 | 6/01 | 7/01 | 8/01 | 9/01 | 10/01 | 11/01 | 12/01 |
| 负荷/h | 250 | 220 | 340 | 280 | 250 | 180 | 340 | 200 | 420 | 240 | 260 | 150 |
| 工作日 | 20 | 17 | 23 | 20 | 21 | 22 | 21 | 18 | 21 | 20 | 20 | 21 |
| 能力/h | 300 | 255 | 345 | 300 | 315 | 330 | 315 | 270 | 315 | 300 | 300 | 315 |

图 6.13　CRP 直方图样例

### 4.3　计算的注意点

粗能力需求计划可以对 MPS 的能力满足情况进行测算。ERP 系统应该能够提供粗能力负荷的评估，以帮助计划人员及时了解 MPS 的生产能力满足情况，便于进行相应的能力和负荷的平衡。当出现能力和负荷不匹配时，应该进行调整：既可以通过减少负荷的方式调整 MPS，也可以通过调整能力的方式（如加班和加点等）来平衡能力和负荷。但需要注意的是，粗能力需求计划只是计算了部分物料在关键工作中心的负荷，再经过 MRP 计算后，可能还会有更多物料需要占用关键工作中心的能力。

所以，在进行能力和负荷匹配时，如果采用调整能力的方式进行平衡时，应该考虑该情况，否则可能出现粗能力需求计划计算时能力和负荷平衡，但经过细能力需求计划计算后，关键工作中心依然超过负荷，且此时已经无法再调整其能力，只能调整计划，从而导致整个生产节奏不均衡，也打乱了主生产计划。

执行粗能力需求计划时具有以下优点：①可用粗能力需求计划进行生产计划可行性的分析与评价；②关注关键资源，而不是面面俱到，使系统计算效率更高；③粗能力需求计划的编制比较简单，计算量少；④涉及的基础数据相对较少，企业应用比较简单，可以很快上线；⑤粗能力需求计划也在一定程度上减少了后期能力需求计划的核算工作。

但也存在以下不足：①忽略了已下达未完工的生产计划的影响，无法反映计划的实际变化；②只包含关键工作中心的能力和负荷，无法彻底保证其可信度；③粗能力需求计划是一个面向中期的 CRP，对短期计划效果不明显。

粗能力需求计划的主要特点包括：①只计算 MPS 物料的需求；②只计算关键工作中心的负荷和能力；③需求来源单据可以是计划或审核状态的计划订单和计划、审核或下达状态的生产任务单；④计算时不考虑需求来源单据的生产类型。

所以，在 MPS 中编制完成 MRP 后，必须对全部展开的 MRP，进行全面的能力和负荷匹配，即通过 CRP 进行计算，以全面核实企业能力是否能够满足生产计划的需求。

### 4.4　粗能力需求计划制订的注意事项

首先，粗能力需求计划应是灵活机动的；其次，粗能力需求计划应是粗中有细的；再次，粗能力需求计划的制订应是容易理解且较为直观的；最后，如果粗能力需求计划表明 MPS 所产生的能力需求存在短缺，则必须在生产实施或资源投入过程来临之前解决这一问题。

编制粗能力需求计划需要考虑关键工作中心和任何其他关键资源的关联特征属性，其中包括：

1) 生产计划层次的产品系列（包括 MPS 层次的独立需求产品）。
2) 使用 BOM。
3) 产生需用能力与可用现有能力的比较。
4) 对计划的变更，能迅速计算需用资源与能力并作出反应。

### 4.5　粗能力需求计划的优点

1) 简单可行。主要是因为：①其只考虑关键工作中心；②其为概括的信息。
2) 对做新产品计划很理想。
3) 容易实施。
4) 重新计划时间短。
5) 支持模拟过程。为高级管理层制订计划提供支持。
6) 在 MRP 与 CRP 前运行。
7) 避免产生不现实的计划。只需要较小的计算能力。

### 4.6　粗能力需求计划的限制

1) 忽略已有的库存及各种状态的未结车间订单。
2) 并不包括所有的工作中心。
3) 存在假设条件：①不考虑提前期；②典型的产品组合；③典型的批量大小。

## 5. 实验总结

通过本实验，对粗能力需求有大致的了解，掌握其计算流程和注意事项，知道其适用性和优缺点，并能在实际生产中熟练运用。

# 实验四　生产任务管理仿真实验

（实验×学时）

## 1. 实验目的

1）了解生产计划主要内容和作用，掌握其订立过程。
2）了解生产计划的作业准备。
3）了解生产过程控制内容。
4）了解交货期的保证管理、生产瓶颈、生产异常时的处理方法。
5）了解企业生产任务的管理过程。

## 2. 实验基本要求

### 2.1　授课对象

×××××

### 2.2　实验学时和实验组织

×学时，×人为一组。

### 2.3　实验环境

精益生产管理教学系统；客户端PC。

## 3. 实验理论

### 3.1　生产计划的订立

#### 3.1.1　什么是生产计划

生产计划简单地说，是"什么时候在哪个单位，由谁做什么，做多少"的作业计划。其实质为：一方面为满足客户要求的三要素（交期、品质、成本）而计划；另一方面，使企业获得适当利益，并为生产的三要素（材料、人员、机器设备）做适当准备而进行分配及使用的计划。

生产计划是各项生产活动的目标与基准，如果没有生产计划或计划不周详，对日常的生产活动会产生很多不良影响，生产活动则不可能顺畅展开。

#### 3.1.2　生产计划的作用

通常生产计划都是预先做好下月、下周的生产计划，由于事先安排好了工作进度，各部门可以很容易控制生产成效。在生产计划排程定案前，将所有可能预期会发生的问题解决掉，因此，可以节省时间并减少成本。生产计划主要有以下作用：

1）可以很容易看出各部门与每一机器的工作负荷。
2）机器时数都是预先安排好的，可以一目了然，心中有数。
3）制造部门的组长、领班可利用所列出的工作标准。
4）周生产计划可以进一步分解成日计划，以供基层生产管理人员控制。
5）可明显看出机器超过负荷或机器使用率偏低，以便做适当的调整。

### 3.1.3 生产计划的订立

（1）生产计划的类型

生产计划的类型主要包括：

1）需求生产型。销售部门根据产品、市场状况、以往销售业绩、增长速度和销售方法等做销售预测，根据此预测来设定最低的成品存量，而有计划地进行生产的一种类型。
2）订单生产型。不进行销售预测，接到客户订单后即安排生产的一种类型。

（2）两种生产计划类型的比较

两种生产计划类型的比较见表 6.8。

**表 6.8 两种生产计划类型的比较**

| 项目 | 类型 | |
| --- | --- | --- |
| | 订单生产型 | 需求生产型 |
| 订货（接单）方式 | 按客户的订货生产 | 假定不特定多数的顾客需求计划生产 |
| 产品的规格 | 按客户的要求，变化多 | 考虑多数的顾客，事先确定 |
| 生产的反复性 | 因规格等变化多，反复性小 | 连续性，反复性大 |
| 生产的批量 | 通常较小 | 比较大 |
| 库存 | 持有原材料、零部件，有时持有在制品库存但基本无成品库存 | 不但持有原材料、在制品库存，也持有成品库存 |
| 生产设备 | 使用通用机械的情形较多 | 备有专用机的情形较多 |
| 生产编组 | 依机械别配置，使之具有通用性 | 依加工系列，产品形状的生产线别组成的情形较多 |

1）需求生产型。需求生产型的生产计划，是根据一定的时段订立的。首先，从计划的类别来讲，需求生产型的生产计划就期间而言，一般有月生产计划、季度生产计划、半年（6个月）生产计划、年度生产计划。其次，从计划应确定的内容来讲，在一定时期范围内的生产计划，必须先确定生产什么产品、多少数量和在何处生产等信息。再次，从产能、负荷分析、管理来讲，将要生产工作量（负荷）与生产能力比较、分析加以调整取得平衡，这样，才能使生产计划切实可行。这是生产计划订立时最重要的作业。最后，从拟订日程计划来讲，日程计划的拟订有两大考量点：①以顾客要求为中心来确定，即按顾客希望交期的先后顺序，并对今后的销售预定或出货预定做比较，必要的产品先安排。②以生产效率为中心来确定，分类组合要生产的产品，以连续生产来考虑，把准备、辅助时间降到最低限度。

2)订单生产型。首先,从计划类别及订立方式来讲,生产计划通常分长期、中期、短期三种,订单生产型企业通常采用如下几种计划方式,主要视需求及能力而确定:①3~6个月生产计划。能通过订货记录及前期生产记录、计划调整与产能需求分析而制订。②月生产计划。经由"3~6个月生产计划"转换订立,主要用作生产安排、国内采购计划制订的依据。③周生产计划。经由"月生产计划"或"紧急订单"转换订立,主要用作具体生产安排、生产及物料管制的依据。其次,从生产计划内容及订立依据来讲(表6.9),按照生产计划周期不同(3~6个月/次或1个月/次),其生产计划的内容、依据和不同周期种类的注意事项也存在明显差异。

表6.9 生产计划内容及订立依据

| 种类说明 | 生产计划内容 | 订立生产计划依据 | 备注 |
| --- | --- | --- | --- |
| 3~6个月生产计划 | 1. 各月份、各规格/种类及销售别的生产数量;<br>2. 批量 | 1. 订货记录;<br>2. 成品库存政策;<br>3. 各种产品月份批生产数量 | 1. 紧急订单必须规定其生产计划方式;<br>2. 每月至少修订一次计划 |
| 月生产计划 | 1. 当月各规格/种类生产数量及生产日期;<br>2. 生产别部门/单位;<br>3. 批量 | 1. 3~6个月生产计划;<br>2. 订货记录;<br>3. 紧急订单;<br>4. 成品库存政策;<br>5. 当月各种产品生产数量及日期 | 1. 注意连贯上月、本月、次月的生产计划;<br>2. 考虑人力、材料、机械各项生产资源的配合 |

再次,从生产计划订立程序来讲(图6.14),按照时间顺序,其可依次分为订货记录、(编制)生产计划表、(编制)月生产日程表和(编制)周生产日程表,计划订立的核心编制思想均以上一步的记录或计划为基础编制当前步骤的表单。各程序和相应的具体要求如图6.14所示。

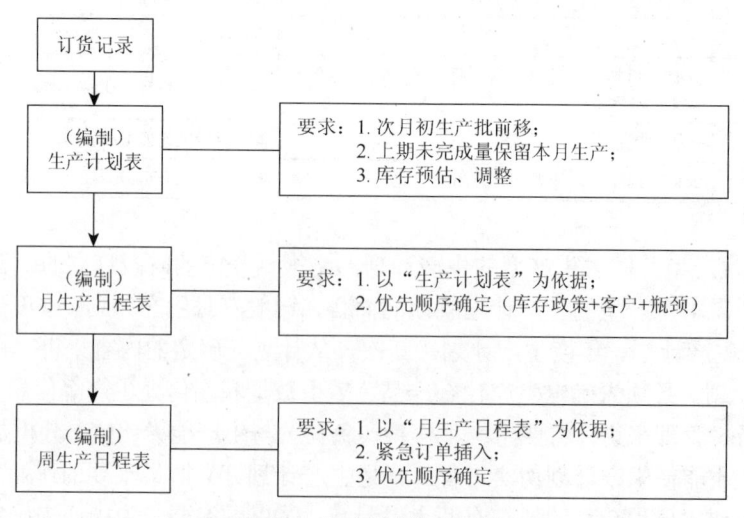

图6.14 生产计划订立程序

最后,从日程计划的拟订来讲,从接到订单到成品出货中间所需的时间,可以安排成一个日程计划进度表,根据不同的进度进行适当的调节,主要包括以下七个方面:①产品设计需要的时间（有的已提前设计好则不必考虑）；②接到订单到物料分析需要的时间；③采购物料需要的时间；④物料运输需要的时间；⑤物料进货检验需要的时间（包括等待处理宽裕的时间）；⑥生产需要的时间；⑦成品完成到出货准备时间。

日程计划的拟订可按以下顺序：①决定基准日程，按作业的制程别、材料别表示开工及完工时期的基准或先后顺序；②决定生产预定，依据基准日程、生产能力及出货计划的要求（日程、生产量）订立详细的月生产计划；③研究均衡生产顺序排程的可行性；④安排日程。

生产计划排程的安排应注意以下原则：

1）交货期先后原则。交期越短，交货时间越急，越应安排在最早时间生产。

2）客户分类原则。客户有重点客户、一般客户之分，越是重点的客户，其排程越应受到重视。

3）产能平衡原则。各生产线生产应顺畅，半成品生产线与成品生产线的生产速度应相同，应考虑机器负荷，不能产生生产瓶颈，出现停线待料事件。

4）工艺流程原则。工序越多的产品，制造时间越长，应重点予以关注。

总之，日程计划在实施拟订时，必须从顾客要求及生产效率的维持两方面加以综合考虑进行相互协调。

### 3.1.4 生产计划的协调

（1）月出货计划与月生产计划的协调

限于物料、人力和机器等各种原因，销售部门的月出货计划与生产部门的月生产计划往往不可能完全一致，生产部门往往根据人力负荷、机器负荷、物料进度、工艺和环境等因素对计划进行适当的调整与安排，最大限度地使生产计划既能满足生产需求，又能符合客户要求。

一般来说，月出货计划与月生产计划协调内容主要包括：

1）出哪些订单。当订单数量超过生产能力数量，根据轻重缓急协调出哪些订单。

2）出哪些客户的订货。哪些是重点客户，哪些是一般客户，哪些客户可以协调。

3）出哪些产品。纵观全局，选择出哪些产品最有利。

4）产品数量。产品数量出多少有利于生产的安排。

5）总数量是多少。

（2）周生产计划与月生产计划的协调

周生产计划是生产的具体执行计划，其准确性应非常高，否则，无充裕的时间进行修正和调整，周生产计划应在月生产计划和周出货计划的基础上进行充分协调，应考虑到以下因素：

1）人力负荷是否可以充分支持，若不能，加班、倒班是否可以解决。

2）机器设备是否准备好，其生产能力是否能达到预定生产能力，若人力或机器无法达到，发外包是否可以解决。

3）物料是否已到位，若未到位是否完全有把握在规定的时间到位。

4）工艺流程是否有问题，有问题能否在规定时间内解决。

5）环境是否适合生产产品环境的要求。

## 3.2 生产作业准备

在生产计划方案尤其是周、日程计划决定后，在生产作业活动开展之前，应在人员、机器、工具、模具、夹具、冶具、物料、生产工艺、品质控制、人员培训方面做好准备。

### 3.2.1 技术文件的准备

技术文件（如产品和零部件的图纸、装配系统图、毛坯和零部件的工艺规程、材料消耗定额和工时定额等）是计划和组织生产活动的重要依据。新的或经过修改的技术文件，应当根据生产作业计划的进度，提前发送到有关的生产管理部门和车间，以便有关部门安排生产作业计划并事先熟悉技术文件的要求，做好准备。

### 3.2.2 原材料和外协件的准备

进行生产，必须具备品种齐全、质量合格、数量合适的各种原料、材料和外协件等。这些物资由物资供应部门根据生产计划编制物资供应计划并进行必要的订货和采购。

由于生产任务的变动，或由于物资供应计划在执行中的变化，在编制生产作业计划时，必须同物资供应部门配合，对一些主要原材料、外协件的储备量和供应进度进行检查，物资供应部门要千方百计地满足生产需要；生产管理部门则要根据物资的实际储备和供应情况，及时对计划进行必要的调整，以避免发生停工待料的现象。

### 3.2.3 机器设备的检修准备

机器设备是否处于良好的状态，能不能正常运转，是能否保证完成生产作业计划的一个重要条件。

在安排作业计划时，要按照设备修理计划的规定，提前为待修设备建立在制品储备，或者将生产任务安排在其他设备上进行，以便保证设备按期检修。

检修部门要按照计划规定的检修期限，提前做好检查和配件等准备工作，按期把设备检修好。

### 3.2.4 工艺装备的设计和制造

产品制造过程中的各种工具、量具、夹具和模具等设备，是保证生产作业计划正常进行的一项重要物质条件。编制生产作业计划时，要检查工艺装备的库存情况和保证程度。有的要及时申请外购，有的要工具部门及时设计和制造，有的则要检修和补充。

### 3.2.5 人员方面的准备

由于生产任务和生产条件的变化，有时各工种之间会出现人员配备不平衡现象，这要根据生产作业计划的安排，提前做好某些环节劳动组织的调整和人员的调配，保证生产作业计划的执行。

## 4. 实验内容及步骤

### 4.1 生产过程控制

产品的生产过程是指从原材料投入生产开始,直到成品检验合格入库为止所经历的全部过程。合理控制生产过程可以使产品以最短的路线、最快的速度、最优良的品质通过生产过程的各个阶段,也可以使工厂的人才、物力和财力得到充分利用,确保生产任务完成、交期满意。生产过程具有连续性、比例性、节奏性、适应性的特点。本书从这四个特点出发,阐述现场生产过程的控制。

#### 4.1.1 日常生产调度

当生产作业准备做好以后,根据安排好的作业顺序和进度,要将生产作业任务派发到各个生产员工身上,进行生产调度的重要方式是使用生产调度单。主要方式包括以下三种。

(1) 加工路线单

1) 加工路线单又称长票、跟单和工件移动等,是以零部件为单位,综合地发布指令,指导生产员工根据既定的工艺路线顺次地进行加工。加工路线单跟随零部件一起转移,各道工序共用一张生产指令。

2) 加工路线单的优缺点。其优点是有利于控制在制品的流转,加强上下工序的衔接;缺点是一票跟到底、周转环节多、时间长、容易丢失、不易及时掌握情况。

3) 适用范围。这种形式适用于生产批量小的零部件,或虽然批量大,但工序少、生产周期短的零部件。

(2) 单工序工票

1) 单工序工票又称短票和工序票等,是以工序为单位,一序一票。

2) 优缺点。单工序工票的优点是周转时间短,使用比较灵活,可以像使用卡片那样,按不同要求进行分组、汇总和分析;其缺点是一序一票,工作量较大。

3) 适用范围。对批量大的零部件,使用这种调度单比较适宜。

(3) 传票卡

为了保证各工序之间的衔接,可以采用"传票卡"这种凭证作为辅助工具。传票卡是一张卡片,预先填好制品的名称、规格、质量、重量、加工地点、运送地点、工位器具及容量等项目。每张传票卡固定代表一定数量的制品(如一张一件或一张十件等),而传票卡必须随同实物一起流转。

#### 4.1.2 实施岗位交接班管理

岗位交接是保持生产作业活动连续性的重要环节,企业应对岗位交接进行统一管理,明确相关工作人员的职责,规范其行为。实施岗位交接班管理是生产现场管理中的重要内容,应做好以下四个方面的工作。

(1) 交班管理

交班管理主要负责内容包括:

1) 1h 内不得任意改变负荷和工艺条件，生产要稳定，工艺指标要控制在规定范围内，生产中的异常情况应得到消除。

2) 检查设备是否运行正常、无损坏、无反常状况，液（油）位是否正常、清洁无尘。

3) 认真做好原始记录，清洁，无扯皮，无涂改，项目齐全，指标准确；巡回检查有记录；生产概况、设备仪表使用情况、事故和异常状况都记录在记事本（或记事栏）上。

4) 为下一班储备消耗物品，工具、器具齐全，以及工作场地卫生清洁等。

5) 交接班者到岗后，交班人要详细介绍本班生产情况，解释记事本（或记事栏）中写到的主要事情，回答提出的一切问题。

6) 遵守"三不交"原则，即接班者未到不交班，接班者没有签字不交班，事故没有处理完不交班。

7) 遵守"二不离开"原则，即班后会不开不离开生产车间，事故分析会未开完不离开生产车间。

（2）接班管理

接班管理主要负责内容包括：

1) 接班人必须提前 30min 到岗。

2) 到岗后检查生产、工艺指标、设备记录、消耗物品、工艺器具和卫生等情况。

3) 提前 20min 召开班前会。

4) 经进一步检查，没有发现问题应及时交接班，并在操作记录上进行签字。

5) 岗位一切情况均由接班者负责；接班人应将上班最后 1h 的数据填入操作记录中并将工艺条件保持在最佳状态。

6) 遵守"三不接"原则，即岗位检查不合格不接班，事故没有整理完不接班，交班者不在不接班。

（3）班前会管理

班前会管理主要负责内容包括：

1) 交接班双方的值班主任、接班的全体人员必须参加，白班交接时要有一名车间领导参加。

2) 与会人员必须穿戴工作服、工作帽，严禁穿高跟鞋和带钉鞋。

3) 提前 20min 点名。

4) 交班值班主任介绍上班情况，包括生产、工艺指标、设备使用、异常情况及事故和目前存在的问题等。

5) 各岗位汇报班前检查情况。

6) 接班值班主任安排工作。

7) 车间领导作出具体指示。

（4）班后会管理

1) 交班者全体都要参加，白班交班时必须有一名车间领导参加。

2) 岗位交班后准时召开班后会。

3) 各岗位人员介绍本班情况。

4) 值班主任要进行综合发言。

5）生产车间领导作出具体指示。只有严格进行岗位交接班管理，才能保证生产作业活动的有效衔接，减少岗位交替时的时间损失，使生产作业活动持续进行。

### 4.1.3 彻底执行作业标准化

（1）什么是作业标准化

作业标准化是对有关作业条件、作业方法、管理方法、使用材料、使用设备及其他的注意事项等基准作出规定，是设定标准、活用标准的组织行为。

（2）作业标准化的必要性

品质不良和劳动灾害的发生原因是作业标准化的不彻底和不遵守规定事项。如果不进行作业标准化，公司内外都可能发生以下麻烦：

1）作业者的不同导致作业方法不一致。

2）即使找到了最好的方法，也不可能将其传达给别人，或作为企业技术保存下来。

3）作业方法不稳定，导致品质不良发生多、交期迟缓现象不断出现。

4）劳动灾害发生多，不仅会给作业者个人而且也会给企业带来很大的损失。

5）各种浪费发生将导致成本上升。

6）货品不良现象发生多，将会失去对客户的信用，这样，以后的订单会越来越少，甚至没有订单。所以，实施作业标准化非常必要。

（3）和现场有关的作业标准文件种类和使用方法

1）工艺流程图。显示工艺步骤的流程图仅是作业标准文件的一种，工艺流程图作为制作质量控制（quality control，QC）工程表时的基础资料使用。个别接单生产的工厂仅用工艺流程图作为标准书向作业者作说明、指导。

2）QC 工程表。QC 工程表内写有生产现场的工艺步骤和其作业内容。在保证品质、技术上的检讨和对生产现场的指导、监督上发挥作用。

3）作业标准书。记录作业者进行的作业内容；起到传达作业内容的指导作用；在应对生产故障、形成响应和改善对策过程中，将成为征求方案的文案平台。

4）图纸、部品表。图纸、部品表在进行部品加工和组装作业时，作为基准资料使用。

5）工厂规格。对生产有关的规格作出规定。在某范围内从产品设计到调配资材、加工过程、检查方法作出规定，成为各种作业时的基准资料。具体包括图纸规格、制图规格、设计规格、产品规格、材料规格、部品规格、制造作业的标准、工程规格、工具规格、设备规格、检查规格、包装规格。

### 4.1.4 生产瓶颈的预防与解决

在一条生产流水线上，或者是某个生产过程的生产环节中，其进度、效率和生产能力常常存在很大差异，这必然导致在整体生产运作上出现不平衡的现象，正如"木桶短板原则"中，最短的一条决定水位高度一样，"生产瓶颈"也最大限度地限制了生产能力、生产进度和生产效率，从而影响生产任务的完成。

（1）生产瓶颈的表现形式

1）工序方面的表现。主要包括：①工序日夜加班赶货；②工序放假休工。

2）半成品方面的表现。主要包括：①工序半成品大量积压；②工序等货。

3）均衡生产方面的表现。主要是指生产是否配套。

4）生产线上的表现。主要包括：①工序大量滞留；②工序流动正常。

（2）引发生产瓶颈的因素

1）材料供应。个别工序或生产环节所需要的材料若供应不及时，可能会造成生产停顿，而在该处形成生产瓶颈。

2）品质。若个别工序在生产上出现品质问题，会造成生产速度降低、返工和补件等情况，而使生产进度放慢。

3）工艺。工艺设计或作业图纸跟不上，因而影响生产作业的正常进度。

4）人员因素。个别工序的人员尤其是熟练工数量不足。

5）设备。设备配置不足，或设备的正常检查修与非正常修也会影响该工序的正常生产。

6）突发性因素。因偶然事件或异动而造成生产瓶颈问题，如人员调动、安全事故、材料延期和因品质不良而停产整顿等。

7）由时间决定的因素。有些工序必须要等待若干时间才能完成，且不可人为缩短，这类工序也会出现生产瓶颈。

（3）常见的生产瓶颈及解决方法

A. 生产进度瓶颈

1）什么是生产进度瓶颈。生产进度瓶颈，是指在整个生产过程中，或各生产工序中，进度最慢的时刻或工序。生产进度瓶颈分为：①先后工序瓶颈。存在先后顺序的工序瓶颈，将会严重影响后工序的生产进度。②平行工序瓶颈。如果瓶颈工序与其他工序在产品生产过程中的地位是平行的，那么，瓶颈问题将会影响产品配套。

2）解决方法。解决生产进度瓶颈问题的具体步骤和方法如下：

第一步，寻找该瓶颈所处的位置点。

第二步，分析研究该瓶颈对整体进度的影响及作用。

第三步，确定该瓶颈对进度的影响程度。

第四步，找出产生该瓶颈的因素并进行具体分析。

第五步，确定解决的时间，明确责任人，以及解决的具体办法。

第六步，实施解决办法，并在生产过程中跟踪。

第七步，改进后对整体生产线再进行评估。

B. 材料供应瓶颈

1）什么是材料供应瓶颈。材料供应不及时，会影响产品某一个零部件的生产，甚至影响产品最后的安装与配套；也可能影响产品的总体进度，这主要看瓶颈材料在全部材料中所处的地位。

2）解决方法。材料的供应工作存在一定的周期性和时间性，因此，必须及早发现、及早预防并及早解决。具体步骤和方法如下：

第一步，寻找造成瓶颈问题的材料。

第二步，分析研究其影响及程序。

第三步，对材料进行归类分析。

第四步，材料类型分析。

第五步，与供应商就该材料进行沟通协调，并努力寻找新的供应商，从而建立可靠的供应网络。

第六步，也可进行替代品研究，或要求客户提供相关材料。

C. 技术人员瓶颈

1）产生原因。技术人员的短缺会影响生产进度，特别是特殊人才或者技术人员、重要的设备操作员，一时缺失又不可能立即补充，因此，这一瓶颈也常常成为困扰生产进度的重要问题。

2）解决方法。在生产空间允许的情况下，特别是实行计件工资的企业，应注意人员的充分配置，加强人员定编管理，确保各工序的生产能力，防止瓶颈的出现。具体步骤和方法如下：

第一步，找到人员或技术力量不足的工序或部门。

第二步，分析这种情况所造成的影响。

第三步，进行人员定编研究。

第四步，确定人员的定编数量、结构组成。

第五步，进行技术人员的培训。

第六步，积极招聘人员，及时补充人员缺失。

第七步，平日应积极进行人员储备。

D. 工艺技术与产品品质瓶颈

1）产生原因。在产品的生产过程中，特别是新产品的生产，总会遇到各种各样的工艺技术问题或难以解决的品质问题，这就出现了工艺技术与产品品质瓶颈。

2）解决方法。解决工艺技术与产品品质瓶颈问题的具体步骤和方法如下：

第一步，找到工艺技术瓶颈的关键部位。

第二步，研究讨论寻找解决方案。

第三步，进行方案实验或批量试制。

第四步，对成功的工艺技术方案，建立工艺规范。

第五步，制定品质检验标准和操作指导说明书。

第六步，进行后期监督。

## 4.2 交货期管理

### 4.2.1 交货期管理的必要性

交货期管理是为遵守和顾客签订的货期，按质按量按期地交货，而按计划生产并统一控制的管理。交货期管理不好会产生许多直接的后果：

1）在预定的交货期内不能交货给客户，会造成客户生产上的困难。

2）不能遵守合约，丧失信用，将会失去客户。
3）生产现场因交货延迟，作业者士气低下。
4）现场的作业者为挽回时间勉强加班加点地工作，若这种情况经常发生可能会因此而病倒。
5）交货期管理不好的工厂，品质管理和降低成本的管理也不好。

#### 4.2.2 缩短交货期的方法

为达到缩短交货期的目的，可采取以下方法：

1）调整生产品种的前后顺序。特定的品种优先进行生产，但这种优先要事前取得销售部门的认可。
2）分批生产、同时生产。同一订单的生产数量分几批进行生产，首次的批量少点，以便尽快生产出来，可以缩短交货期，或用几条流水线同时进行生产来达到缩短交货期的目的。
3）缩短工程时间。缩短安排工作的时间，排除工程上浪费时间的因素或在技术上下功夫加快加工速度以缩短工程时间。

#### 4.2.3 交货期延误的对策

（1）交货期延误原因

1）紧急订单多。紧急订单多、交货期过短，从而引起生产准备不足、计划不周、投产仓促，导致生产过程管理混乱。
2）产品技术性变更频繁。产品设计、工艺变更频繁，生产图纸不全或一直在改，以致生产作业无所适从，导致生产延误。
3）物料计划不良。物料计划不良，供料不及时，导致生产现场停工待料，在制品移转不顺畅，导致生产延误。
4）生产过程品质控制不好。不良品多、成品率低，从而影响交货数量。
5）设备维护保养欠缺。生产设备故障多，工模夹具管理不善，导致生产延误。
6）生产排程不佳。生产排程不合理或产品漏排，导致生产效率低或应该生产的产品没有生产。
7）生产能力、负荷失调。产能不足，外协计划调度不当或外协厂商选择不当，以及作业分配失误等都会导致交期延误。
8）其他。没有生管人员或生管人员不得力，生产、物料控制不良，部门沟通不良，以及内部管理制度不规范、不健全等，都会导致交期延误。

（2）生产现场的改善对策

以上原因的分析是相对整个公司而言，以下就生产现场的细节进行解析，并提出改善对策。

1）源自生产现场的原因。主要包括：①工序、负荷计划不完备；②工序作业者和现场管理者之间，产生对立或协调沟通不好；③工序之间负荷与能力不平衡，中间半成品积压；④报告制度、日报系统不完善，因而无法掌握作业现场实况；⑤现场人员管理不到位，纪律性差，以及缺勤人数多等；⑥生产工艺不成熟、品质管理欠缺、不良品多，致使进度落后；⑦生产设备、工具管理不良，致使效率降低；⑧作业的组织、配置不当；⑨现场管理者的管理能力不足。

2）改善对策。主要包括：①合理进行工厂配置，并提高现场主管的管理能力；②确定外协、外包政策；③谋求缩短生产周期的方法；④加强岗位、工序作业的标准化，以及制定作业指导书等，确保作业品质；⑤加强教育训练（新员工教育、作业者多能化、岗位技能提升训练），加强人与人之间的沟通（人际关系改进），使作业者的工作意愿提高；⑥加强生产现场信息的搜集和运用。

(3) 对已延误货期的补救方法

1）在知道要延误货期时，和时间要求不紧张的产品对换生产日期。

2）延长作业时间（加班、休息日加班、两班制、三班制）等。

3）分批生产，被分出来的部分能挽回延误的时间，使顾客有一定数量的货生产。

4）同时使用多条流水线生产。

5）请求销售和后勤等其他部门的支援，增加作业时间。

6）委托其他工厂生产一部分。

## 4.3 生产异常对策

### 4.3.1 什么是生产异常

生产异常是指因订单变更、交期变更（提前）及制造异常与机械故障等因素造成产品品质、数量和交期脱离原定计划等现象。生产异常在生产作业活动中比较常见，作为现场管理人员应及时掌握异常状况，适当适时采取相应对策，以确保生产任务的完成，满足客户交货期的要求。

### 4.3.2 生产异常产生原因

1）计划异常。因生产计划临时变更或安排失误等导致的异常。

2）物料异常。因物料供应不及时（断料）和物料品质问题等导致的异常。

3）设备异常。因设备和工装不足等原因而导致的异常。

4）品质异常。因制程中出现品质问题而导致的异常，也称制程异常。

5）产品异常。因产品设计或其他技术问题而导致的异常，也称机种异常。

### 4.3.3 生产异常判定手段

1）建立异常情况及时呈报机制，即生产活动中，各部门、各单位都有责任及时反映，且反映渠道畅通。

2）通过"生产进度跟踪表"对生产实绩与计划产量进行对比以了解异常。

3）设定异常水准以判断是否异常。

4）运用看板管理以迅速获得异常信息。

5）设计异常表单，如"生产异常报告单""品质异常报告单""物料异常分析表"，以利于异常报告机制运作。

6）会议讨论，以使异常问题凸显。

### 4.3.4 生产异常反应

生产异常反应的时机主要包括：
1）订单内容不明确或订单内容变更应及时反映或修正。
2）交期安排或排程异常应以联络单等及时反映给销售或生管部门。
3）生产指令变更（数量和日期等）应以生产变更通知单及时提出修正。
4）生产中的异常已影响品质、产量或达成率时，应立即发出异常报告。
5）其他异常（如故障和待料等），可能造成不良后果时，应立即发出生产异常报告。

### 4.3.5 生产异常责任判定与对策

（1）判定各部门的责任

1）开发部门的责任。主要包括：①未及时确认零部件样品；②设计错误或疏忽；③设计延误或设计临时变更；④设计资料未及时完成。
2）生产部门的责任。主要包括：①生产计划日程安排错误；②临时变更生产安排；③生产计划变更未及时通知相关部门；④未发制造命令。
3）制造部门的责任。主要包括：①工作安排不当造成零部件损坏；②操作设备仪器不当造成故障；③作业未按标准执行造成异常；④效率低下，前工序生产不及时造成后工序停工；⑤流程安排不顺畅造成停工。
4）技术部门的责任。主要包括：①工艺流程或作业标准不合理；②技术变更失误；③设备保养不力；④设备产生故障后未及时修复；⑤工装夹具设计不合理。

（2）对策

了解生产异常发生的原因及判定责任后，应按照既定的工厂生产异常处理程序，责令责任部门做出处理。

## 4.4 以某工具公司为例

表6.10为某工具公司订单管理流程样例。

**表6.10 某工具公司订单管理流程样例**

| 文件类型 | 支持性文件 |
| --- | --- |
| 文件编号 | DL/WI-GL-27 |
| 管理部门 | 生产部门 |
| 版本号 | A |
| 修订号 | 0 |
| 页码 | 1/1 |

### 4.4.1 目的

为了使公司生产订单能够保质保量地完成，同时也为了更明确地划分各相关部门的职责和权限，特制定本流程。

#### 4.4.2 适用范围

适用于本公司所有生产任务的管理。

#### 4.4.3 职责

1) 业务部门负责订单的确认、下达、跟踪、验收和出运。
2) 生产部门负责生产任务的计划、过程(品质/进度)控制、成品保质保量交货。
3) 品质部门负责来料质量控制(incoming quality control,IQC)、过程质量控制(process quality control,PQC)、最终品质管制(final quality control,FQC)和成品包装。

#### 4.4.4 操作流程

1) 业务部门根据客户下达的订单要求结合 ERP 物料数据,组织各部门进行合同评审,明确订单品种、数量和工期等具体要求及工艺技术、品质要求。
2) 生产部门根据生产任务书附件制订逐单生产进度计划并通知采购及各车间。
3) 采购部门根据生产部门下达的采购进度计划按采购单采购或安排外协。
4) 品质部门根据订单要求凭检验通知书对采购的物料进行 IQC 并将检验结果通知采购部及仓库。若验货不合格,则立即通知供应商并组织生产部门、技术部门、业务部门决定是否让步接收或要求采供部执行退货;若验货合格,则通知仓库入库。
5) 各车间按生产部门下达的逐单生产进度计划进行分解,将具体的车间子计划反馈给生产主管,并按单领料生产,将每日生产结果用车间生产日报表进行上报。领到物料时车间必须进行 IQC 并将检验结果填入内部交易验收单。如遇到物料不能及时到达、物料品质、设备损坏和工艺等问题时,生产部门负责组织通知技术部门和业务部门确定解决方案及处理责任人。
6) 车间在订单生产前组织员工进行产前培训,填写加工单,强调作业指导书及品质标准书要求(一单、二书),进行首件确认,确认合格后开始批量生产,生产过程中加强巡查,及时发现问题,解决问题。及时处置不良品、申请补料,每日成品经成品检验合格后入库,做到班班清。装配车间订单生产完毕经成品检验合格后,通知品质部门、业务部门进行验货。若验货不合格,则立即通知供应商并组织生产部门、技术部门、业务部门决定是否让步接收或要求采供部执行退货,直至合格,业务部门通知仓库发货,订单结束。
7) 订单结束后及时做好订单总结,记录好订单运行过程中存在的问题、处理意见及永久防止对策。在下个订单任务开始前,完善工艺,防止问题再次发生。

#### 4.4.5 附页

附页主要包括某工具公司逐单生产计划表、车间订单子计划、内部交易验收单、车间生产日报表、订单总结记录(表 6.11~表 6.15)。

表 6.11　某工具公司逐单生产计划表

| 订单单号 | | | 业务跟单员 | |
|---|---|---|---|---|
| 计划下达日 | | | 计划交货期 | |
| 采购、外协进度计划 | | | | |
| 金工车间进度计划 | | | | |
| 注塑车间进度计划 | | | | |
| 水泡车间进度计划 | | | | |
| 装配车间进度计划 | | | | |
| 通知到达 | | | | |

计划人：　　　　　　　　日期：

表 6.12　某工具公司车间订单子计划

| 订单单号 | | 计划交货期 | |
|---|---|---|---|
| 物料名称 | 开始日期 | 平均日供应量/件 | 结束日期 |
| | | | |
| | | | |
| | | | |
| | | | |
| | | | |
| | | | |
| | | | |

计划人：　　　　　　　　日期：

表 6.13　某工具公司年月日内部交易验收单

| 产品名称 | | 规格型号 | | 等级要求 | | 单号 | |
|---|---|---|---|---|---|---|---|
| 验收数量/件 | | 品质等级 | | 结论 | | | |
| 供货部门 | | | | 代表人确认签字 | | | |
| 验收部门 | | | | 验收人确认签字 | | | |

表 6.14  某工具公司车间生产日报表

| 单号 | 品名 | 规格 | 单位 | 当日生产数/件 | 当日废品数/件 | 合格率/% | 备注 |
|---|---|---|---|---|---|---|---|
|  |  |  |  |  |  |  |  |
|  |  |  |  |  |  |  |  |
|  |  |  |  |  |  |  |  |

| 人员情况/人 | 设定人数 | 旷工 | 提出辞职 | 借入 | 借出 | 实际人数 |  |
|---|---|---|---|---|---|---|---|
|  |  |  |  |  |  |  |  |
| 设备情况/件 | 设定设备数 | 保养 | 检修 | 借入 | 借出 | 实际使用设备 |  |
|  |  |  |  |  |  |  |  |

申报人：　　　　　　　日期：

表 6.15  某工具公司订单总结记录

| 订单号 |  | 运行期间 |  |
|---|---|---|---|
| 存在问题 | 人：<br>机：<br>料：<br>法：<br>环：<br>测量： |||
| 原因分析 | 人：<br>机：<br>料：<br>法：<br>环：<br>测量： |||
| 应急处理措施 ||||
| 永久改善措施 ||||
| 生产 | 业务 | 品质 | 技术 | 车间 |

## 5. 实验总结

通过本实验,对生产任务管理中的生产计划和生产作业等有进一步的了解和掌握,明白生产瓶颈,并对生产异常的对策有大致了解,掌握如何搞好生产任务管理,并能在实际生产中熟练运用。

# 实验五　库存管理仿真实验

## (实验 4 学时)

### 1. 实验目的

1) 理解和掌握熟悉仓库管理员的管理职能。
2) 熟悉企业产品的相关资料。
3) 了解货物进出仓库的工作及库存记录。

### 2. 实验基本要求

#### 2.1　授课对象

面向大三或大四高年级物流专业本科生或研究生,学生在参加本实验之前,应学习完管理学和物流专业基础课程。

#### 2.2　实验学时和实验组织

4 学时,2 人为一组。

#### 2.3　实验环境

(1) 软件设备
Access2003 或其他版本 Access 桌面型数据库;
软件开发平台——VS2010 软件。
(2) 硬件设备
一组一台计算机。

### 3. 实验理论

#### 3.1　库存管理概念

关于库存及库存管理的定义颇多。从财务管理视角来看,库存是金钱,一种取物料形式的资产或现金。从企业管理视角来看,库存也可以看作用于将来目的的企业资源暂时处于闲置储备状态。从物理管理视角来看,库存为一切当前闲置的、用于未来的、有经济价值的资源。

现在，库存被看作供应链管理的四大驱动因素之一。从供应链管理的角度来看，库存不能单从效益或者单从响应能力来看，而应该综合这两个方面，达到库存管理的一个均衡点，即供应链管理认为，企业应该从效益和响应能力两个角度来看待库存。高的库存能提高企业的响应能力，但是却降低了效益；反之，低的库存能够一定程度上减少库存成本，提高企业效益，但是响应能力却不能够得到保证。

## 3.2 传统库存管理的主要流程及存在问题

### 3.2.1 收货环节

叉车司机接到发运办公室打印好的提货清单，然后驾车穿过分销中心来提取所列的货品。完成提货操作后，司机返回发运办公室，根据每个货盘上的货箱数量来选择所需要的货运标签。

### 3.2.2 入库环节

在传统库存管理情况下，为了便于查找和避免存储差错，人们通常采取分区存放或者固定货位存放的原则，即每一种货品都有固定不变的一个或一组存放位置。这种存放原则虽然简单，但是造成了极大的库存空间浪费。因为每一个位置，都会确定安排存放某种物品，所以即使该位置空缺，其他货品也不能占用。

### 3.2.3 盘点环节

库存盘点是对每一种库存物料清点数量、检查质量及登记盘点表的库存管理过程。其目的主要是清查库存的实物数量是否和账面数量相符及库存物资的质量状态。实物数量与账面数量有出入的，要调整物料的账面数量，做到账物相符，并且要遵循相应的管理处理流程，每种库存物料都设定相应的盘点周期，通过系统自动输出到期应盘点的物料。由于传统库存中货物都堆放在仓库中，没有立体仓库等现代化库存设施，盘点操作人员需要携带纸笔现场记录信息，在库房翻动物品盘点很不方便。盘点数据采集后，还需要人工将数据录入计算机系统进行数据比较和汇总。由于这种盘点方式通常由录入员来完成，不仅占用了大量的人力物力资源，而且极大地增加了人为错误的可能性。并且，在盘点过程中，需要停止所盘点货物的入库、出库业务。

### 3.2.4 拣货及出库环节

司机拿着派发单从配送总部提货后送到下一层的零售店仓库，之后司机需要跟对方做一个结算手续，记录当天的送货数量。然而，这种记录只是简单的手写收货单据。倘若配送数量等存在问题，客户需要更改订货信息，司机要在客户处进行改写，之后在配送总部将更新后的数据输入到系统中重新打印出来。

从这些子过程可以看出，传统库存管理存在以下问题：极大地延长了货品周转时间，效率低下；同时由于是人工录入，数据的准确性很难得到保证。

另外，传统的企业库存管理从存储成本和订货成本出发来确定经济订货量和订货点，侧重于优化单一的库存成本。这对供应链中的库存管理却是远远不够的。供应链管理环境下的库存控制存在下面两类问题：

（1）信息类问题

由于条码记录了某一类产品，不能记录某一个具体的产品，在某一类产品配送出库时，无法根据生产日期来保证最先进来的产品最先出库。

仓库要对某一类产品进行盘点时，不能准确快速地定位该类产品，而需要盘点人员在仓库中人工查找、记录。这样不仅效率低下，而且准确性受到极大挑战。以交货状态数据为例，当顾客下订单时，希望能够随时了解交货状态。有时，顾客也希望在等待交货的过程中，或者交货被延迟以后，能够对订单交货状态进行修改。

（2）供应链类问题

1）信息传递系统效率低下。需求预测、库存状态和生产计划等分布于不同供应链组织中的信息没有很好地集成，当供应商或者客户要了解用户需求信息时，无法得到实时准确的信息。

2）忽略了不确定性等因素对库存的影响。供应链运作中存在诸多的不确定因素，而传统库存管理由于技术条件的限制，对这种不确定性因素的处理只能依靠经验来预测，无法根据实际市场状况快速给出解决方案。

3）长鞭效应。由于缺乏供应链的整体观念，价值链中各部门都从自己利益出发，全然忽略了部门之间的信息联系，来自市场的信息质量和数量不能及时反映到供应链的其他节点。"长鞭效应"即是对需求信息扭曲在供应链中传递的一种形象的描述。其基本思想是当供应链上的各节点企业只根据来自其相邻的下级企业的需求信息进行生产或者供应决策时，需求信息的非实时性会沿着供应链逆流而上，产生逐级放大的现象。最源头的供应商所获得的需求信息和实际消费市场中的顾客需求信息发生了很大的偏差。由于这种需求放大效应的影响，供应方往往维持比需求方更高的库存水平或者生产准备计划。

## 3.3 现代库存管理基础设施

### 3.3.1 自动化高架仓库

自动化高架仓库是近年来国际上迅速发展起来的一种新型仓储设施。这种仓库可以在不直接进行人工干预的情况下，自动存储和取出物料，一般由高层货架、仓储机械设备、建筑物及控制和管理设施等部分组成。其优点包括占地面积小、仓储容量大、出入库作业率和仓库周转能力得到提高。

自动化高架仓库最早产生于 20 世纪 60 年代的美国，到现在经历了机械式立体仓库、自动化立体仓库、集成化立体仓库和职能型立体仓库四个阶段的发展，并逐步向第五个阶段的智能化、整合化、信息化（intelligent、integrated、information，3I）立体仓库发展。

用自动化功能齐全的立体仓库取代传统的普通式仓库已成为世界仓库建设发展的潮

流。高架仓库从时间上和空间上都为企业的库存管理提供了十分有利的条件，其所带来的库存管理的效率及效益也是显而易见的。从我国国情来看，由于城市用地日趋紧张，物流速度日益加快，仓库建设和改造向高空发展和向机械化、自动化发展已迫在眉睫，建设大批自动化立体仓库是今后发展的必然趋势。

### 3.3.2 自动拣选系统

自动拣选系统是集光、机、电于一体的现代化技术。通过分层装置与自动化仓库系统相结合，其特点是由计算机对出库数量提前进行最佳的安排，对大批量的单一品种货物，事先装上托盘，按出库要求输送出库。对同一种产品，可以集中供应与回收托盘等设备，简化了处理程序，减少了作业次数。如今的仓库，每小时运送数以千计的产品，而与此同时，产品运送的精确度大幅提高，员工配备也大幅减少，这是采用自动化物料搬运系统的拣选机系统产生的影响。相对于人工定位的管理方法，自动拣选系统可以接受计算机管理系统的信息，继而自动完成商品定位、数量确认和货位确认等工作。

### 3.3.3 RFID 等自动数据采集技术

自动识别是指在没有人工干预下对物料流动过程中某一活动关键特性的确定。这些关键特性包括产品名称、设计、质量、来源、目的地、体积、重量和运输路线等。这些数据被采集处理后，能用来确定产品的生产计划、运输路线、路程、存储地址、销售生产、库存控制、运输文件、单据和记账等信息。配合自动化立体仓库及自动拣选系统，条形码与 RFID 等自动数据采集技术使现代物流设备的效用能够得到最大限度的发挥。

## 3.4 系统主要模块

现代库存管理的基本功能模块可以分为以下三个部分，即基础数据管理、库存出入库管理、存货盘点管理。

（1）基础数据管理

库存管理子系统的基础数据管理模块负责原始信息的录入，建立用户和系统所需的完善而强大的资料库，负责整个系统配置所需的一切资料。用户可通过不同权限查看本权限内的各种资料。基础数据管理模块里的项目在其他模块中填制单据时均通过参照来快速输入，主要包括库位入库和库存货号输入、仓库代码、库位代码、货架区代码及物品信息等编码方案的设计与编码的设置和管理。建立合理的代码体系是有效使用计算机进行库存管理的基础。本功能模块旨在让用户对仓库有关信息进行编码定义，包括对仓库、仓库管理方式、仓库口令、出入库类型及不同出入库类型对各种数据的影响等的定义。

按货位管理的仓库，能够实现货位信息跟踪，描述其存放的物品品种、数量。允许同一物品存放在多个仓库、多个货位，同一货位允许存放同一种物品。对自动化立体仓库的货位进行管理，是要合理地分配和使用货位，即考虑如何提高货位利用率，又要保证出库效率。货位分配包含两层意义，一是为出入库的物料分配最佳货位（因为可能同时存在多个空闲货位)即入库货位分配；二是选择待出库物料的货位（因为同种物料可能同时存放在多个货位里）。

(2) 库存出入库管理

库存出入库管理包含系统入库管理和出库管理的程序设定及单据的管理。自动化仓库的作业管理，是负责合理安排出入作业，完成立体仓库之间运送物料的任务。入库任务与出库任务是立体仓库作业的主要内容。

当货物到达立体仓库的入库台前时，RFID阅读器将成品的信息（编号和数量等）读入，并提出入库申请。立体仓库根据库存管理系统预先分配的货位或者结合当前货位情况，根据货位管理原则为该物品寻找合适的空货位，同时形成成品回库任务单。出入库作业调度负责合理调度堆垛机来完成出入库作业任务，是物流系统满足实时性要求的关键。为了实现合理调度，合理的数据和信息作为依据是非常重要的。出库申请提出对物料品种、型号、数量及供料时限的要求。接到出库申请后，立体仓库结合当前库存情况查询到所需物料的货位，根据货位管理原则确定出库的货位号，并立即形成出库任务（出料货位号、供货最低时限和出库台号等）。

(3) 存货盘点管理

由于入库、出库信息的误差及货品过期等损耗问题的存在，现代库存管理也需要进行盘点管理。现代库存管理注重从供应链角度出发来进行库存信息的管理，那么库存信息要与企业内部部门（如采购部门、生产部门、财务部门）相关联。另外，库存信息也要与上游供应商和下游客户共享。这其中涉及安全库存报警等库存分析功能、短缺物品查询功能和一些统计预测分析功能。

## 4. 业务流程

总体来讲，现代库存管理的业务流程如下：采购部门向供应商发送采购订单后，供应商安排发货，经过收货验证等程序后，仓库安排货物入库，并向财务部门发送货物入库单据。仓库要定期对存货进行盘点，当盘点数据与企业库存数据有差异时，企业需要对这些货品的计算机仓储数进行更新，并向财务部门发送相关数据，以调整存货信息。销售部门接到来自客户的订单，并向仓库发送客户订单要求发货。仓库根据订单安排拣货出库，并向客户发送货物。

4.1 收货入库流程

在库存出入库管理模块处理入库单，对入库单的货物进行验收及上架处理。主要步骤包括：

1) 仓库接到供应商的发货通知单。

2) 仓库管理系统根据货物类型选择仓库，然后根据所选仓库进行货物库区和储位的分配存储。

3) 货物到待检区时，入库门口的固定RFID阅读器批量读取货物标签，采集货物信息，即对实际验收通过的入库货物数量进行确认并与进货通知单核对。

4）核对无误时，仓库管理系统通过无线网络检索空闲叉车，并发送收货作业指令及货位安排。

5）叉车搬运货物，入库设备根据货位安排将货物上架。

6）入库处将处理结果通过手持读写器上传至后台数据库中。

### 4.2 盘点流程

仓库盘点是对现在仓库的库存进行数量的清点，主要是实际库存数量与账面数量的核对工作。主要步骤包括：

1）选择要盘点的仓库和库区等。

2）制定盘点表，生成盘点清单。

3）堆跺机定位到需要进行盘点的货位后，仓库管理系统通过无线网络控制读写器开始读取数据。

4）读写器通过无线网络将盘点数据（仓库存储货物的实际数量）传送到后台管理系统。

5）系统进行盘点处理，计算出盘点仓库货物的溢损数量。

### 4.3 拣货出库流程

拣货出库流程主要根据货物出库单对出库的货物分拣处理，并进行出库管理。主要步骤包括：

1）仓库系统接到销售部门的客户订单及发货通知。

2）库存控制系统根据一定的出库原则计算出出库货物的货位，并打印出库单或者发出出库指令。

3）叉车或者堆垛机到指定库位依次取货。

4）手持移动设备或者固定读写器将操作结果通过无线网络传输给库存管理系统。

5）分拣出的货物被送上自动拣选系统。

6）安装在自动拣选系统上的自动识别装置在货品运动过程中阅读 RFID 标签，识别该货品属于哪一个用户订单。

7）计算机随即控制分选运输机上的分岔结构把货品拨到相应的包装线上进行包装及封口。

8）物品被运送到出库口处，手持移动设备扫描验证货物信息。

### 4.4 库存信息监控

当单品的存货生产日期将过或者库存量降至阀值时，系统会自动产生库存警告报告，提醒仓库管理人员做出相应的措施。

## 5. 实验总结

按照实验步骤，完成库存管理相关操作输出。通过实验课程，可以更加深入理解库存管理工作内容，根据业务实践需求，解决实际问题。

# 实验六 质量管理仿真实验

## （实验 4 学时）

**1. 实验目的**

1）理解和掌握企业质量管理相关知识。
2）了解质量管理业务操作。

**2. 实验基本要求**

### 2.1 授课对象

面向大三或大四高年级物流专业本科生或研究生，学生在参加本实验之前，应学习完管理学和物流专业基础课程。

### 2.2 实验学时和实验组织

4 学时，2 人为一组。

### 2.3 实验环境

（1）软件设备
Access2003 或其他版本 Access 桌面型数据库；
软件开发平台——VS2010 软件。
（2）硬件设备
一组一台计算机。

**3. 实验理论**

### 3.1 质量管理概念

质量管理是企业为了保证和提高产品及服务质量而开展的各项管理活动的总称。国际标准化组织中的质量管理和质量保证技术委员会（ISO/TC176）在总结各国质量管理实践经验的基础上，对质量管理提出了如下定义，即确定质量方针、目标和职责，并通过质量体系中的质量策划、质量控制、质量保证和质量改进来使其实现所有管理职能的全部活动。

### 3.2 质量管理的发展趋势与集成

随着计算机现代集成制造系统（computer/contemporary integrated manufacturing systems，CIMS）技术在中国的发展及新型生产模式的出现，计算机辅助质量管理（computer aided quality，CAQ）系统正逐步向集成质量系统（incident qualification system，IQS）发展，IQS

与 CIMS 的其他分系统有机结合，通过及时采集、处理、传递质量信息，对产品质量的整个生命周期进行协调处理，提高企业对多变的市场环境及产品质量要求的快速适应能力。质量管理的发展趋势侧重于以下三个方面：

1）质量管理将向集成化方向发展。一方面，它趋向于与企业的产品设计、计划、生产和成本控制等信息系统相集成，同时提供产品从设计—生产—销售—售后服务等全生命周期的质量控制及决策信息；另一方面，质量管理系统的范围越来越广，而其组成部分如质量审核、质量控制、不合格品管理和供配管理等一系列内容的集成度也越来越高。

2）质量管理将从以事后检查与纠正为主的模式向以事前预防与控制为主的模式转化。同时立足于为企业不同的决策需要提供支持信息，涉及的信息将不仅仅是历史数据，更重要的是企业有关质量控制的决策信息。

3）质量管理正向网络化、智能化方向发展。未来的质量管理将以网络和数据库为基础，建立各种质量评价、分析和决策系统。同时随着专家智能系统理论的不断完善，质量管理系统可以实现自动化的决策和控制。利用该系统，能从全局出发，分析和处理所有信息，综合评价质量和系统功能，从而大大提高企业质量水平。

正是在上述质量管理发展趋势的指导下，计算机集成质量管理系统在以下三个方面进行集成：

1）纵向集成。质量管理涉及零部件制造过程质量信息的采集、反馈、控制，同时又涉及上层质量问题的决策。执行层的检测与过程监控的有关信息应能及时地传递到管理层，质量计划、检测计划和质量控制任务等应能够及时地传递到管理层和执行层。

2）功能集成。IQS 与 CIMS 的其他自动化系统有机集成，主要包括：①与 CAD/CAPP[①] 系统集成。IQS 从 CAD 系统获得自动质量检测和产品实验所需的产品质量范围及有关的产品与零部件信息，对工序能力及产品实际质量状况进行分析，分析结果反馈给产品设计部门、过程设计部门。②与 MES 集成。自动化制造过程应用产品和过程的质量信息进行现场的工序质量控制，对制造过程进行相应调整并预防不合格品的产生。同时，不合格品的识别和诊断也为制造过程的改进提供依据。③与生产管理系统集成。IQS 及时地将有关质量信息反馈给生产管理系统，以便及时调整生产调度计划和 MRP。同时，IQS 反馈的外购件、外协件的质量信息是制造资源计划中进货商、供货商评价的一个重要信息来源，质量成本、质量性能指标信息是企业经营决策支持系统的重要信息组成。

3）过程集成。过程集成是指产品生命周期各个阶段质量信息的集成，即市场到调研、制造到使用各个阶段的集成。

## 3.3 PDCA 循环动态质量管理

全面质量管理的工作程序——PDCA 循环。PDCA 循环由美国质量管理专家休哈特（Shewhart）首先提出，由计划（plan）、执行（do）、检查（check）、处理（action）四个步骤组成，该循环每一次的应用都是对前一次的超越，产品质量会跃上一个新的水平。

---

① CAD（computer aided design），即计算机辅助设计；CAPP（computer aided process planning），即计算机辅助工艺过程设计。

1) P 阶段。也称计划阶段，根据用户要求来确定企业质量管理的目标、方针、计划、标准和管理项目，并制定相应的措施和方法。由于有的项目在 P 阶段是一个庞大的系统工程，必须通过 PDCA 循环来逐步完善。

2) D 阶段。也称执行阶段，实施 P 阶段的要求和标准。对一个新项目来说，在实施以前应从思想上和方法上给予充分的准备工作，要让各类人员明确有关的标准和要求。对关键的零部件和工序，要对有关人员进行专门的培训。

3) C 阶段。也称检查阶段，对实施结果进行评估，判断结果是否达到计划阶段的目标。检查中也有可能发现原来制订的计划有缺陷，如目标不恰当和措施不配套等。

4) A 阶段。也称处理阶段，对上一阶段检查出来的问题，经过全面、深入的分析，找到原因，采取相应的措施。经过一段时间的运作，如果没有发生异常情况，则可以把标准稳定下来，供后面实际执行用。至此，一个 PDCA 循环才算结束。

### 3.4 基于 MES 的质量管理系统业务流程

(1) 质量基础数据管理

质量基础数据管理支持系统的正常运行，包括角色权限管理、资源设备管理、字典库（如检验结果和文件类型等类型字典）管理及质量标准管理等基本功能。

(2) 质量计划管理

根据质量目标完成检验计划的定义，质量计划管理包括质量检验活动的方式和内容，以及所依循的质量规范。然后，根据 MES 中提供的生产加工进度信息及当前检验设备和人员的状态信息完成对质量检验任务的分配工作。在此后的生产过程中，系统都按定义的质量计划进行严格的质量控制。

(3) 质量过程管理

通过自动采集或人工录入的方式采集生产过程中的质量检验数据，依据合同规定的标准判断产品质量，合格产品继续流转，不合格产品则进入质量评审管理流程，并形成质量活动的过程记录。

生产过程运行状态控制质量任务的节拍，质量活动的执行结果控制生产任务的继续进行，生产过程和质量监控过程紧密联系。然而，在生产加工阶段往往会出现一些特殊现象，如零部件的某几道工序由某个外协厂家连续加工完成后才交付质量检验部门检验，或某些工序的质量检验周期较长，生产部门为了满足生产进度的要求根据经验将零部件临时放行。针对这些情况，基于 MES 的集成质量管理系统在生产加工阶段采用松耦合的信息集成方式，综合生产信息和质量信息的状态来判断 MES 中的物流信息是否允许被传递，运用逻辑代数，其关系可用下式表示：

$$P = M \bigcap (Q \odot R)$$

式中，$P$ 表示物流信息是否能传递的状态；$M$ 表示生产信息的输入状态；$Q$ 表示质量信息的输入状态；$R$ 表示质量信息是否已知为合格；$\bigcap$ 和 $\odot$ 分别表示交集运算和同或运算。

MES 中的生产过程运行状态信息控制质量管理系统中质量任务的节拍，基于 MES 的集成质量管理系统中质量活动的执行结果信息控制 MES 中生产任务的继续进行，从而实现对生产过程的质量控制。

(4) 质量统计分析

统计质量检验活动中获取的质量信息，根据质量数据分析获取质量水平现状的评估，以满足质量不断改进的需求。它包括如下三个方面：

1) 质量指标统计。对生产过程的质量评价指标（如合格率和废品率等）进行统计，并形成统计报表，使企业的生产质量管理人员能够很直观地了解当前质量水平，从而制定出有效的应对措施。

2) SPC 判断。运用 SPC 原理，选取关键质量参数进行自动监控，通过绘制控制图和计算生产过程中的过程能力指数，判断生产过程是否受控且满足过程能力，最终通过质量原因的分析实现过程调整。

3) 质量分析。根据质量检验过程采集的实际数据，利用参数统计、概率分布和数据挖掘等多种统计手段进行质量分析，挖掘生产工艺参数与产品最终性能之间的关系，并在分析产品质量规律的基础上进行质量改进，从而不断提高产品质量。

(5) 质量文档管理

收集产品形成过程中的质量文档，并自动检查质量文档的齐套性。根据产品装配明细的每个节点汇总生产过程中全部零部件级、组件级和部件级的质量文档，并在产品交付时进行自动打包。

### 3.5 系统各模块功能设计

(1) 系统权限管理

系统权限管理负责管理系统中用户的操作权限。系统将各功能模块进行单元化，将用户角色与各功能单元操作权限相互关联。系统角色主要分为系统管理员和一般用户两大类，系统管理员享有最高权限，可以操作系统中任何一个功能模块，并负责对其他普通用户的权限分配；一般用户仅能进行授权下的相关操作。

(2) 质量基础数据管理

质量基础数据管理支持系统的正常运行，包括角色权限管理、资源设备管理、字典库（如检验结果和文件类型等类型字典）管理及质量标准文件管理等基本功能。其中，字典库管理模块包括对质量处理结果、文件类型和质量等级等基础信息进行分类编码，并支持添加、编辑和查询等操作；质量标准文件管理模块实现了对标准文件的存储和查询功能。

(3) 质量计划管理

质量计划管理的主要功能包括目标计划管理和检验计划管理。目标计划管理是指在收集产品质量状态的历史、现状及其发展情况的基础上，结合对客户要求和生产技术状态的分析制定质量目标及实现质量目标的程序和措施。检验计划管理是根据产品的生产工艺要求制订质量检验相关的计划信息，包括检验项目、检验范围和检验方法等信息，并且根据当前生产进度情况，完成对质量检验的任务分配工作。

(4) 质量检验管理

质量检验管理的主要功能是原材料检验、工序检验和装配检验的检验任务的接受，检验结果的记录、修改和删除，以及对关键质量数据的维护，并且提供质量检验结果的汇总查询等功能。

（5）质量评审管理

质量评审管理的主要功能是对原材料检验、工序检验和装配检验过程中出现的不合格品进行质量评审，包括评审任务的接受，评审结论与原因的记录、修改和删除，以及对质量问题的跟踪查询等功能。

（6）质量统计分析

质量统计分析的主要功能包括质量指标统计、SPC 判断及质量原因分析。质量指标统计包括对合格率和废品率等指标的统计；SPC 判断是利用 SPC 原理，针对关键零部件的关键工序，选择质量参数后进行重点监控；质量原因分析是利用各种统计分析方法（如排列图和因果图等）和控制图等对质量数据进行加工处理，提取有价值的信息成分。

（7）质量文档管理

质量文档管理的主要功能是对产品形成过程中的检验报告和检验记录等文档进行管理，包括质量文档的收集，根据产品要求自动检查质量文档是否齐套；根据产品的最终装配明细，自动汇总产品所包含零部件的所有质量文档，以辅助质量保证书的制作。

## 4. 实验内容

### 4.1 质量检验管理

质量检验管理的主要功能包括对原材料检验管理、工序检验管理和装配检验管理等，分别对生产过程中原材料检验、工序检验和装配检验进行管理，是整个系统功能的核心和重点部分。

（1）原材料检验管理

原材料检验管理主要是提供原材料的检验结果信息的管理功能，以及对原材料检验信息的查询和编辑等。其物料信息来源于采购科录入的毛坯到料信息，采购科根据检验结果信息确定原材料是否能够合格入库，实现了原材料质量的集成化管理。

通过"添加物料"，查询采购科已经录入的毛坯到料信息，不需要质量管理人员重新录入，将检验结果录入后，生产管理人员即可根据该结果安排生产领料与投料等工作。

（2）工序检验管理

工序检验管理的主要功能是记录工序加工的检验信息，生产部门根据该模块提供的检验结果实现对生产过程的质量控制。

1）工序检验汇报。质量管理人员根据工作令和物料代号等信息查询待录入检验记录的物料编码信息，系统中可进行质量结果信息的批量录入，此处录入的工序检验结果信息控制生产管理系统中工序的传递，从而使两个部门的信息交互更为方便，即大大减少了系统操作人员的重复工作量。

2）零部件加工进度查询。它将系统的生产信息和质量信息共同显示出来，实现了质量信息与生产信息的集成。在零部件加工进度查询界面中，每条零部件记录的第一行显示了该零部件的生产进度信息，第二行为质量检验进度信息（利用颜色标识质量检验结果），使企业的生产管理人员可以很直观地查看每个工作令下每个零部件的生产加工进度和工序检验进度，而生产调度人员则可以根据查询的信息进行有效的车间生产调度。

(3) 装配检验管理

装配检验管理主要是记录装配过程中的检验信息，包括装配检验记录、空载试车检验记录、负载试车检验记录及装配明细的录入等。装配人员根据技术科制定的装配 BOM 和关键零部件的选配表进行产品的装配，经质量检验合格后，质量管理人员将产品的装配明细录入到系统中。

装配明细录入，即左侧显示为产品的装配 BOM 信息（其中只含有关键件），操作人员根据物料代号从已出库的零部件中选取添加对应物料编码，并选择输入装配人员和检验人员等信息，最终形成每个产品的装配明细。

### 4.2 质量评审管理

质量评审管理的主要功能是实现不合格评审单的创建、传递及最终的处理结果确认等功能。

在质量检验过程中出现质量不合格的情况后，由质量检验人员在系统中创建不合格评审单，并将其提交到系统中。系统会分别通知设计部门、技术部门进行评审意见的录入，并最终由质量评审部门负责综合各部门的意见总结最终的处理结果，从而指导生产部门安排实际生产过程。

### 4.3 质量统计分析

质量统计分析的主要功能是对系统已有的质量数据按照各种统计方法进行统计分析。

工序检验结果统计的主要功能是查询生产过程的合格率和废品率等情况。其查询条件可选择为工作令或者某个具体的零部件及某个具体的检验人员等，其中，废品又分为工废和料废。

### 4.4 质量文档管理

质量文档管理模块主要实现了对包括原材料检验过程、生产加工过程及装配过程等产品全生命周期过程中的所有质量文档的收集与查询，以及根据装配明细对产品质量文档进行汇总的功能。

产品质量文档汇总的功能如下：首先，系统根据产品的装配明细将每个总装产品下的所有零部件在采购和生产加工等过程中的软件资料进行汇总；其次，系统根据技术部门规定的每一个零部件需要的软件资料种类，对每一个零部件的软件资料是否齐全进行核对，并对不齐全的零部件用颜色进行标识；最后，在此功能界面中，可以通过双击零部件记录，在图片查看器中查看每一份具体的软件资料，并提供打印功能。

## 5. 实验总结

按照实验步骤，完成库存管理相关操作输出。通过实验课程，可以更加深入地理解库存管理工作内容，根据业务实践需求，解决实际问题。

# 参 考 文 献

曹冬梅，汤文成. 2012. 实验型 MES 制造执行系统的设计与研究[J]. 中国制造业信息化，41（21）：77-80.
傅培华，朱安定. 2012. 现代物流信息技术实验室建设探究[J]. 实验室研究与探索，31（1）：181-184.
胡建波. 2014. 现代物流基础（第三版）[M]. 北京：电子工业出版社.
孔卓. 2011. 公共物流信息平台体系结构研究[D]. 西南交通大学硕士学位论文.
刘林. 2010. ERP 中全面质量管理系统的研究与开发[D]. 西华大学硕士学位论文.
庞燕. 2009. 制造业生产物流信息系统实验指导教程[M]. 北京：中国物资出版社.
宋炬. 2013. 物流信息系统的实验教学探索[J]. 实验科学与技术，11（2）：84-87.
孙文军，李巧云. 2010. 现代物流管理趋势与发展策略[J]. 中国商贸，（17）：108-109.
王国文. 2005. 美国物流管理协会（CLM）发布的供应链管理、物流管理最新定义[J]. 中国物流与采购，（1）：31.
魏广兴. 2011. 中小型企业生产任务管理系统的设计与实现[D]. 山东大学硕士学位论文.
席波. 2014. 信息化教学环境下的物流人才培养模式探讨[J]. 物流技术，33（23）：480-482.
杨拴强. 2007. 基于.NET 技术的一体化物流管理信息系统研究与开发[D]. 华北电力大学硕士学位论文.
张静. 2008. 对现代物流实现信息化的探讨[J]. 现代经济系信息，（5）：65-66.
赵超. 2011. 企业信息化综合实训[M]. 北京：中国铁道出版社.
周玉清，刘伯莹，周强. 2014. ERP 原理与应用教程（第二版）[M]. 北京：清华大学出版社.
朱芳来. 1994. MRP II 粗能力需求计划剖析及软件设计[J]. 桂林电子工业学院学报，14（2）：56-63.
Ballou R H. 2006. 企业物流管理—供应链的规划、组织和控制（第二版）[M]. 王晓东，等译. 北京：机械工业出版社.
Closs D J，Savitskie K. 2003. Internal and external logistics information technology integration[J]. International Journal of Logistics Management，14（1）：63-76.
Feng L. 2008. Reconfigurable logistics information system based on soft components technology[J]. Journal of Service Science and Management，1（2）：153-158.

附录（实验报告模板）

## （一）
大连理工大学

# 本科综合性、设计性实验报告

（MRP 仿真实验）

姓名_____　　学院_____
专业_____　　班级_____
实验课程名称_____
指导教师及职称_____
开课学期至_____学年_____学期
上课时间_____年____月___日

# 1 实验设计方案

| 实验名称：MRP 仿真实验 | | 实验时间：×××|
|---|---|---|
| 小组合作：是○否○ | 小组成员：×××，××× | |

## 1.1 实验目的

1）了解 MRP 的内容和功能。
2）了解 MPS 和 MRP 的关系。
3）了解 MRP 的工作原理。
4）了解 MRP 计算方案各参数的含义及计算原理。

## 1.2 实验设备及材料

### 1.2.1 软件设备

1）Access2003 或其他版本 Access 桌面型数据库。
2）软件开发平台——VS2010 软件。

### 1.2.2 硬件设备

一组一台计算机。

## 1.3 理论依据

MRP 是一种物料管理和生产方式，是 ERP 系统的重要组件，它建立在 MPS 的基础上，根据产品的 BOM、工艺路线、批量政策和提前期等技术及管理特征，生成原材料、毛坯和外购件的采购作业计划与零部件生产、装配的生产作业计划，从而达到有效管理和控制企业物料流动的微观计划。

BOM、MPS 和库存密切相关，通过三者做 MRP 计算可以做出采购计划。

### 1.3.1 MRP 的基本原理

从相关需求库存问题出发，通过制造业基本方程和制造工程网络，阐述 MRP 的基本思想，由此，将 MRP 的基本原理概括如下：MRP 是在产品结构与制造工艺基础上，利用制造工程网络原理，根据产品结构各层次物料的从属与数量关系，以物料为对象，以产品完工日期为时间基准，按照反工艺顺序的原则，根据各物料的加工提前期确定物料的投入出产数量与日期。

### 1.3.2 MRP 的运算流程与运行方式

MRP 的运算逻辑基本上遵循如下过程：①按照产品结构进行分解，确定不同层次物料的总需求量；②根据产品最终交货期和生产工艺关系，反推各零部件的投入出产日期；③根据库存状态，确定各物料的净需求量；④根据订货批量与提前期最终确定订货日期与数量。MRP 有两种运行方式，即重新生成与净改变方式。重新生成方式是每隔一定时期，从 MPS 开始，重新计算 MRP。这种方式适合于计划比较稳定、需求变化不大的 MTS。净改变方式是当需求方式变化时，只对发生变化的数据进行处理，计算受影响的零部件的需求变化部分。净改变方式可以随时处理，或者每天结束后进行一次处理。

根据实验内容，构建以 BOM 为核心的采购与库存管理数据模型。

（1）BOM 的数据内容

BOM 涉及两个方面的数据，即产品及其零部件之间的装配与被装配和零部件之间的装配数量关系：该关系描述了产品与零部件之间的装配关系，以及产品及其零部件的自然属性关系，后者主要包括尺寸、材料、重量、生产类型和提前期等方面。例如，生产类型属性描述了某物料是"制造"或"采购"的特征，提前期则描述了制造或采购的前置时间，这两个属性与采购息息相关。

（2）实验情境设计

MRP 的制订需要三个关键信息，即 MPS、BOM、库存记录。MPS 是指主生产计划，BOM 是指物料清单。在 MRP 的制订过程中，库存记录的计算方法构成了 MRP 的基本计算模型。设计如下实验情境，某生产抽屉企业的 MPS、BOM 与库存信息见附表 1、附表 2。

**附表 1　抽屉文件柜及桌子的 MPS**

| 产品 | 周号 |  |  |  |  |  |  |  |  |  |  |  |
|---|---|---|---|---|---|---|---|---|---|---|---|---|
|  | 1 | 2 | 3 | 4 | 5 | 6 | 7 | 8 | 9 | 10 | 11 | 12 |
| 001　3-抽屉文件柜 |  |  |  |  |  |  | 100 |  |  | 100 |  | 100 |
| 002　4-抽屉文件柜 |  |  |  | 60 |  |  | 60 | 120 |  | 60 |  |  |
| 007　桌子 |  |  |  |  |  | 150 |  |  |  | 150 |  | 90 |

**附表 2　库存信息**　　　　　　　　　　　　　单位：件

| 物料项目 | 当前库存 | 在途订货 | 订货批量 |
|---|---|---|---|
| 3-抽屉文件柜 | 0 | 0 | 0 |
| 文件柜外壳组装 | 0 | 0 | 0 |
| 铁锁 | 0 | 0 | 0 |
| 抽屉组装 | 0 | 0 | 0 |
| 铁皮成型 | 0 | 0 | 0 |
| 抽屉滑轨 | 30 | 30 | 30 |
| 拉手 | 30 | 30 | 30 |
| 滑轮 | 30 | 30 | 30 |
| 铁板（60in） | 50 | 100 | 100 |
| 铁板（25in） | 50 | 100 | 100 |

### 1.4 实验方法步骤及注意事项

1）计算物料的毛需求量。即根据 MPS、BOM 得到第一层级物料品目的毛需求量，再通过第一层级物料品目计算出下一层级物料品目的毛需求量，依次一直往下展开计算，直到最低层级原材料毛坯或采购件为止。

2）净需求量计算。即根据毛需求量、可用库存量和已分配量等计算出每种物料的净需求量。

3）批量计算。即由相关计划人员对物料生产作出批量决定，净需求量计算后都应该表明有否有批量要求。

4）安全库存量、废品率和损耗率等的计算。即由相关计划人员来规划是否要对每个物料的净需求量作这三项计算。

5）下达计划订单。即通过以上计算后，根据提前期生成计划订单。MRP 所生成的计划订单，要通过能力资源平衡确认后，才能开始正式下达计划订单。MRP 输出见附表 3。

附表 3　MRP 输出表

| 项目 | PD | 1 | 2 | 3 | 4 | 5 | 6 | 7 | 8 | 9 | 10 | 11 | 12 |
|---|---|---|---|---|---|---|---|---|---|---|---|---|---|
| 总需求/件 | | | | | | | | | | | | | |
| 在途订货/件 | | | | | | | | | | | | | |
| 计划库存/件 | | | | | | | | | | | | | |
| 净需求/件 | | | | | | | | | | | | | |
| 计划应收到订货/件 | | | | | | | | | | | | | |
| 计划应发出订货/件 | | | | | | | | | | | | | |

时期/周

### 1.5 实验数据处理方法

### 1.6 参考文献

指导教师对实验设计方案的意见：

签名：　　　　年　月　日

## 2　实验报告

2.1　实验目的、设备及材料、理论依据、实验方法步骤及注意事项见实验设计方案

2.2　实验现象、数据及结果

（各步骤计算所得表的附录）

2.3　对实验现象、数据及观察结果的分析与讨论

（最终表）
表语言翻译成具体的 MRP

2.4　结论

## 2.5 实验总结

### 2.5.1 实验成败之处及其原因分析

### 2.5.2 实验的关键环节及改进措施

（1）做好实验需要把握的关键环节

（2）若重做实验，为实现预期效果，仪器操作和实验步骤的改善

### 2.5.3 对实验的自我评价

指导教师评语及得分：

签名：　　　年　　月　　日

（二）
大连理工大学

# 本科综合性、设计性实验报告

（CRP 仿真实验）

姓名_____  学院_____

专业_____  班级_____

实验课程名称_____

指导教师及职称_____

开课学期至_____学年_____学期

上课时间_____年____月___日

# 1 实验设计方案

| 实验名称：CRP 仿真实验 | 实验时间：×××  |
|---|---|
| 小组合作：是○否○ | 小组成员：×××，××× |

## 1.1 实验目的

1）了解 CRP 的内容和功能。
2）了解粗能力需求计划和细能力需求计划的关系。
3）了解 CRP 计算方案及计算原理。
4）掌握 CRP 管理业务的流程。

## 1.2 实验设备及材料

精益生产管理教学系统；客户端 PC。

## 1.3 理论依据

### 1.3.1 什么是 CRP

CRP 是对生产过程中所需的能力进行核算的计划方法，确定生产资源是否有足够能力来满足生产需求，协调能力需求和可用能力之间的关系。

CRP 是对 MRP 所需能力进行核算的一种计划管理方法。具体地讲，CRP 是对各生产阶段和各工作中心所需的各种资源进行精确计算，得出人力负荷和设备负荷等资源负荷情况，并做好生产能力负荷的平衡工作。

CRP 是帮助企业在分析 MRP 后产生一个切实可行的能力执行计划的功能模块。该模块帮助企业在现有生产能力的基础上，及早发现能力的瓶颈所在，提出切实可行的解决方案，从而为企业实现生产任务提供能力方面的保证。其实，CRP 制订的过程是一个平衡企业各工作中心所要承担的资源负荷和实际具有的可用能力的过程，即根据各个工作中心的 MRP 和各物料的工艺路线，对各生产工序和各工作中心所需的各种资源进行精确计算，得出人力负荷和设备负荷等资源负荷情况，然后根据工作中心各时段的可用能力对各工作中心的能力与负荷进行平衡，以便实现企业的生产计划。

### 1.3.2 分类和作用

广义的 CRP 分为粗能力需求计划和细能力需求计划。

（1）粗能力需求计划

粗能力需求计划是指在闭环 MRP 设定完毕 MPS 后，通过对关键工作中心生产能力和计划生产量的对比，判断 MPS 是否可行。

### （2）细能力需求计划

细能力需求计划是指在闭环 MRP 通过 MRP 运算得出对各种物料的需求量后，计算各时段分配给工作中心的工作量，判断是否超出该工作中心的最大工作能力，并做出调整。

CRP 可以解决以下三个问题：

1）各个物料经过哪些工作中心加工？
2）各工作中心的可用能力和负荷是多少？
3）工作中心各时段的可用能力和负荷是多少？

CRP 中的细能力需求计划与粗能力需求计划的功能相似，都是为了平衡工作中心的能力负荷，从而保证计划的可行性与可靠性。但细能力需求计划与粗能力需求计划又有所区别（附表 1）。

附表 1　粗能力需求计划与细能力需求计划的区别

| 对比项目 | 区别 ||
| --- | --- | --- |
|  | 粗能力需求计划 | 细能力需求计划 |
| 计划阶段 | MRP 制订阶段 | MRP 制订阶段与 SPC 判断阶段 |
| CRP 对象 | 关键工作中心 | MRP 涉及的所有工作中心 |
| 负荷计算对象 | 最终产品和独立需求物料 | 相关需求物料 |
| 计划的订单类型 | 计划及确认的订单（不含已下达的计划订单） | 所有订单（含已下达的计划订单） |
| 使用的工作日历 | 工厂工作日历或工作中心日历 | 工作中心日历 |
| 计划提前期考虑 | 以计划周期为最小单位 | 物料的开始与完工时间，精确到天或小时 |

## 1.4　实验方法步骤及注意事项

### 1.4.1　计算模型

考虑 CRP 的计算方法时，需要把 MRP 的物料需求量转换为负荷小时，即把物料需求转换为对能力的需求。不但要考虑 MRP 的计划订单，还要结合工作中心和生产日历，同时还要考虑工作中心的停工及维修情况，最后确定各工作中心在各时段的可用能力，CRP 的计算模型如附图 1 所示。

### 1.4.2　业务流程

CRP 管理业务数据流程图（第二层），如附图 2 所示。

从附图 2 中可知，主要业务部门是生产车间；数据由生产工艺文件取出后，进入工序进度计划模块进行加工处理，将加工处理后的数据存入 MRP 文件和工序进度计划文件；工作中心负荷模块从生产工艺文件和工序进度计划文件及工作中心文件中读取数据并进行加工处理后，将加工处理后的数据存入工作中心负荷文件中；CRP 生成模块从工作中心负荷文件和资源清单文件中读取数据并进行加工处理后，将加工处理后的数据存入 CRP 文件和 CRP 例外信息文件及 MRP 文件中，并将其传入生产车间进行生产计划处理，同时传入输入输出控制模块进行加工处理，将加工处理后的数据存入输入输出控制文件中。

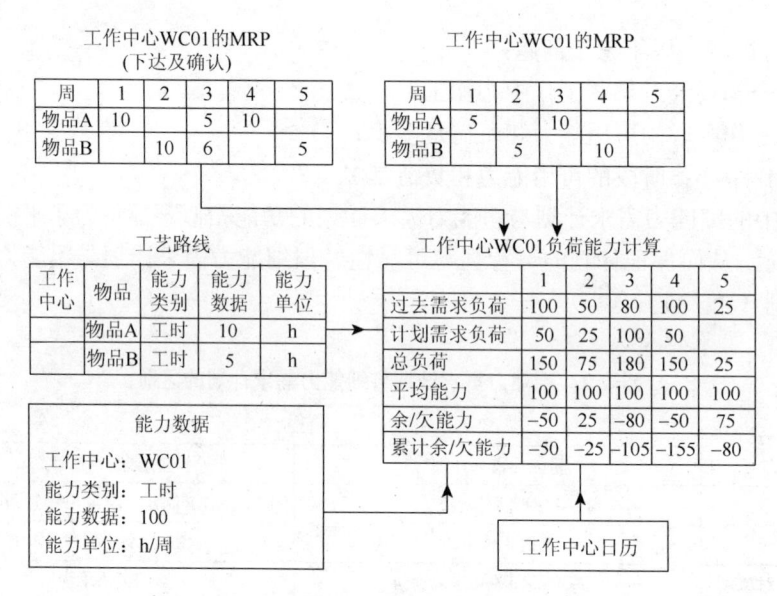

附图 1　CRP 计算模型

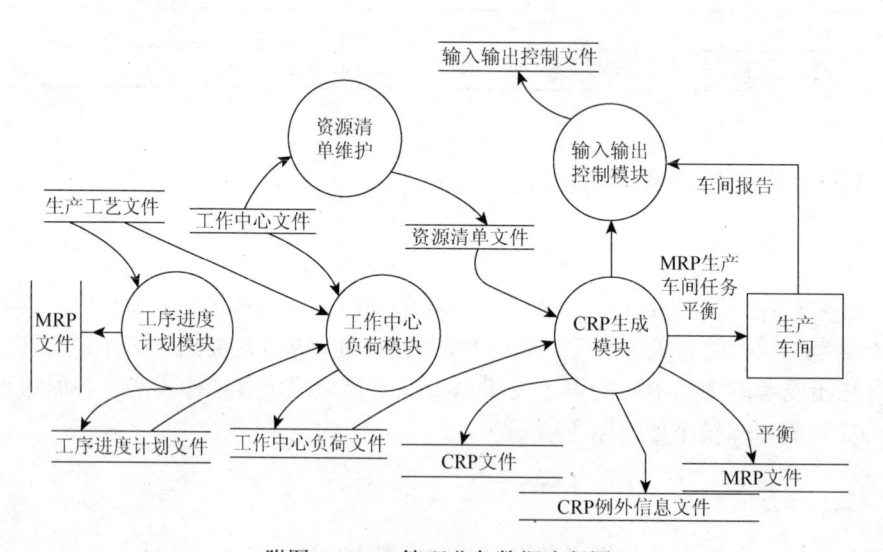

附图 2　CRP 管理业务数据流程图

### 1.4.3　制订流程

CRP 的制订流程如附图 3 所示。

通常，编制 CRP 的方式有无限能力负荷计划和有限能力负荷计划两种。无限能力负荷计算是指在不限制能力负荷情况下进行能力计算，即从订单交货期开始，

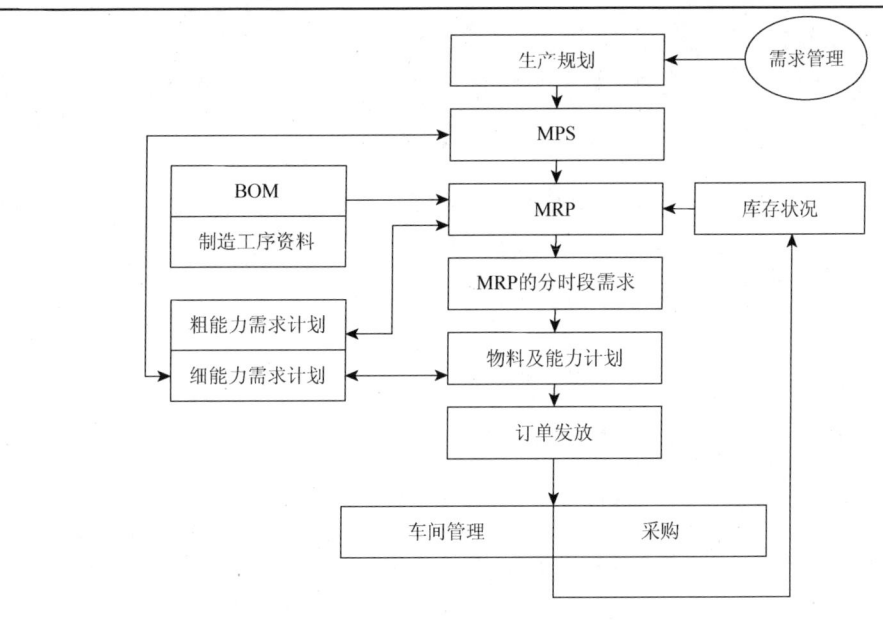

附图3 CRP的制订流程图

采用倒排方式根据各自的工艺路线中的工作中心安排工时定额进行计算。不过，这种计算只是暂时不考虑能力负荷的限制，在实际执行计划过程中不管由于什么原因，如果企业不能按时完成订单，就必须采用顺排生产计划、加班、外协加工和替代工序等方式来保证交货期。这时，有限能力负荷计算方式比较适用。有限能力负荷计算是假定工作中心的能力不变，把拖期订单的当期日期剩下的工序作为首序，向前顺排，对后续工序在能力允许下取连续顺排不断地实现计划，以挽回订单交货期。

一般来说，编制CRP遵照如下思路：首先，将MRP的各时段内需要加工的所有制造件通过工艺路线文件进行编制，得到所需要的各工作中心的负荷；其次，再同各工作中心的额定能力进行比较，提出按时段划分的各工作中心的负荷报告；最后，由企业根据报告提供的负荷情况及订单的优先级因素加以调整和平衡。

（1）收集数据

CRP计算的数据量相当大，通常，CRP在具体计算时，可根据MRP下达的计划订单中的数量及需求时段，乘上各自的工艺路线中的定额工时时间，转换为需求资源清单，加上车间中尚未完成的订单中的工作中心工时，成为总需求资源。再根据现有的实际能力建立工作中心可用能力清单，具备这些数据，才能进行CRP的计算与平衡。

（2）计算与分析负荷

将所有的任务单分派到有关的工作中心，确定有关工作中心的负荷，并从任务单的工艺路线记录中计算每个有关工作中心的负荷。然后，分析每个工作中心的负荷情况，确认各种具体问题的原因所在，以便正确地解决问题。

（3）能力/负荷调整

解决负荷过小或超负荷能力问题的方法有三种，即调整能力、调整负荷及同时调整能力和负荷。

（4）确认 CRP

在经过分析和调整后，将已修改的数据重新输入到相关的文件记录中，通过多次调整，在能力和负荷达到平衡时，确认 CRP，正式下达任务单。

CRP 的工作流程如附图 4 所示。

附图 4　CRP 的工作流程

### 1.5　实验数据处理方法

### 1.6　参考文献

黄复贤. 2008. ERP 环境下能力需求计划的分析与设计[J]. 中国管理信息化，11（17）：82-84.

指导教师对实验设计方案的意见：

签名：　　　　年　　月　　日

## 2　实验报告

2.1　实验目的、设备及材料、理论依据、实验方法步骤及注意事项见实验设计方案

2.2　实验现象、数据及结果

编制 CRP 的具体做法是：

1) 收集数据。CRP 主要收集的数据包括：①任务单数据。任务单是下达生产制造指令有关的数据，其内容是经过 MRP 运算后或企业自行下达的加工任务书，根据其不

同阶段和状态可分为 MRP 任务单、确认任务单和投放任务单。②工作中心数据。工作中心是能力的基本单元，其基本数据包括每天班次、每班小时数、每班人数、设备数、效率、利用率和超额系数。③工艺路线数据。工艺路线是表达 BOM 中描述物料加工、零部件装配操作顺序的技术文件。工艺路线描述一个和多个物料从一个状态到另一个状态的过程，是能力需求运算的重要信息，主要提供加工工序、工作中心和加工时段数据。④工厂日历。工厂日历是企业用于编制 CRP 的特殊日历，该日历将不工作的日期排除。

2）计算负荷。将所有的任务单分派到有关的工作中心（不考虑能力的限制），然后确定有关工作中心的负荷，并从工艺路线文件中计算出每个有关工作中心的负荷。不同的工作中心按时段合并。

3）分析负荷。比较后分析各工作中心负荷情况，如果出现超负荷，找出造成超负荷的原因，以便正确解决问题。

4）能力/负荷调整。CRP 中有两个要素，即能力和负荷。在解决负荷过小或超负荷的能力时，应视具体情况对能力和负荷进行调整，即调整能力、调整负荷及同时调整能力和负荷。调整能力的方法包括加班、增加人员与设备、提高效率、更改工艺路线和增加外协等。调整负荷的方法包括修改计划、调整生产批量、推迟交货、撤销订单和交叉作业等。

5）确认计划。在经过分析与调整后，将已确定的调整措施中有关的修改数据重新输入到相关的文件记录中。通过反复地平衡和调整，达到平衡时即可确认 CRP，正式下达任务单。

2.3　对实验现象、数据及观察结果的分析与讨论

2.4　结论

## 2.5 实验总结

### 2.5.1 实验成败之处及其原因分析

### 2.5.2 实验的关键环节及改进措施

（1）做好实验需要把握的关键环节

（2）若重做实验，为实现预期效果，仪器操作和实验步骤的改善

### 2.5.3 对实验的自我评价

指导教师评语及得分：

　　　　　　　　　　　　　　　签名：　　　年　月　日

（三）

大连理工大学

# 本科综合性、设计性实验报告

（粗能力需求计划仿真实验）

姓名_____  学院_____

专业_____  班级_____

实验课程名称_____

指导教师及职称_____

开课学期至_____学年_____学期

上课时间_____年____月___日

# 1 实验设计方案

| 实验名称：粗能力需求计划仿真实验 | 实验时间：×××  |
|---|---|
| 小组合作：是〇否〇 | 小组成员：×××，××× |

## 1.1 实验目的

1）熟悉粗能力需求计划的主要内容。
2）掌握粗能力需求计划的计算流程。
3）熟悉粗能力需求计划的思想和内容。

## 1.2 实验设备及材料

精益生产管理教学系统；客户端PC。

## 1.3 理论依据

粗能力需求计划是指在闭环MRP设定完毕MPS后，通过对关键工作中心生产能力和计划生产量的对比，判断MPS是否可行。它的CRP对象只针对设置为"关键工作中心"的工作能力。

闭环MRP是在MRP的基础上，增加对投入与产出的控制，即对企业能力进行校检、执行和控制。闭环MRP理论认为，只有在考虑能力的约束，或者对能力提出需求计划，在满足能力需求的前提下，MRP才能保证物料需求的执行和实现。在这种思想要求下，企业必须对投入与产出进行控制，即对企业的能力进行校检、执行和控制。在MRP执行之前，要由CRP核算企业的工作中心的生产能力和需求负荷之间的平衡情况。

MPS是闭环MRP系统的一部分。MPS的实质是保证销售规划和生产规划对规定的需求（需求什么、需求多少和什么时候需求）与所使用的资源取得一致。MPS考虑了经营规划和销售规划，使生产规划与其相协调。它着眼于销售什么和能够制造什么，这能为生产车间制订一个合适的"主生产进度计划"，并且以粗能力数据调整该计划，直到负荷平衡。

工作中心是生产加工单元的统称。是ERP系统的基本加工单位，是进行MRP与CRP运算的基本资料。

（1）工作中心的作用

1）工作中心是MRP与CRP运算的基本单位。
2）工作中心是定义物品工艺路线的依据。
3）工作中心是车间作业安排的基本单元。

（2）工作中心数据

1）工作中心基本数据。主要包括工作中心代码、工作中心名称、工作中心简称、工作中心说明、车间代码、人员每日班次、每班工作小时数、工作中心每班平均人数、设备数（单班、双班和三班等）及是否为关键工作中心等。

2）工作中心能力数据。这是指工作中心每日可以提供的工人工时、机台时或加工完工的产品数量。工作中心能力数据由历史统计数据分析得到，计算如下：

$$工作中心能力＝每日班次×每班工作小时数×效率×利用率$$

其中，效率＝完成的标准定额小时数/实际工作小时数或效率＝实际完成产量/完成的标准定额产量

$$利用率＝实际直接工作小时数/计划工作小时数$$

上式中的工作小时可以是工人工时、机器台时或者综合考虑的有效时数。

粗能力需求计划只计算关键工作中心的能力和负荷，细能力需求计划计算所有工作中心的能力和负荷。关键工作中心也称瓶颈工序（bottleneck），是短期内生产能力无法自由增加的工作中心，在企业制造流程中处于关键或瓶颈部位，是粗能力需求计划的计算对象。

其特点包括：

1）经常加班，满负荷工作。
2）操作技术要求高，工人操作技术要求熟练，短期内无法自由增加人（负荷和产量）。
3）采用专用设备，而且设备昂贵。
4）多种限制，如短期内不能随便增加负荷和产量（通常受场地和成本等约束）。

典型事例包括：

1）瓶颈工作中心。
2）较高价值的工厂/设备。
3）具有独特能力的机器。
4）生产能力有限的供应商/有独特能力的供应商。
5）有独特技艺的人员（工人）。

## 1.4 实验方法步骤及注意事项

注意：

关键工作中心会随加工工艺、生产条件、产品类型和生产产品等条件而变化，并非一成不变，不要混同于重要设备。

生产能力是指在计划期内，企业参与生产的全部固定资产，在既定的组织技术条件下，所能生产的产品数量，或者能够处理的原材料数量。生产能力是反映企业所拥有的加工能力的一个技术参数，也可以反映企业的生产规模。每位企业主管之所以十分关心生产能力，是因为其随时需要知道企业的生产能力能否与市场需求相适应：当市场需求旺盛时，需要考虑如何增加生产能力，以满足市场需求的增长；当市场需求不足时，需要考虑如何缩小规模，避免生产能力过剩，尽可能减少损失。

生产能力是反映企业生产可能性的一个重要指标。

计划的作用：

粗能力需求计划是伴随 MPS 运行的，是一种中期计划。由于这时还没有展开计算所有物料的需求，还不可能知道所有工作中心的负荷情况，只能根据经验对关键工作中心（瓶颈工序）的负荷进行粗略的估计。粗能力需求计划对关键工作中心的能力进行运算，从而对 MPS 的可行性进行确认，未进行和能力平衡的 MPS 是不可靠的。

粗能力需求计划的编制忽略了一些基本信息，以便简化和加快 CRP 的处理过程。粗能力需求计划的处理过程直接将 MPS 与执行这些生产任务的加工和装配工作中心联系起来，所以，它可以在能力的使用方面评价 MPS 的可执行性。顾名思义，粗能力需求计划仅对 MPS 所需的关键生产能力进行粗略的估算，确定能力需求的概貌。粗能力需求计划的处理一般只考虑每月在 MPS 中的主要变化。尽管 MPS 的计划周期为周，但粗能力需求计划可以每月做一次，将 MPS 中每周的生产量汇总为当月的生产量，这样对以月为计划周期的 MPS 编制粗能力需求计划，更加便于进行能力管理。粗能力需求计划的编制可以分为两种方法：①用能力清单（资源清单）编制；②用分时间周期的能力清单（资源清单）编制。

粗能力需求计划的处理过程：

在 MPS 投放前，必须考虑关键资源的能力和负荷，以决定其能否满足 MPS 的能力需求。粗能力需求计划只考虑 MPS 中涉及的各关键工作中心的能力，计算量较小、花费时间较少，是一种简略的能力核定方法。

粗能力需求计划的处理过程是将成品的生产计划转换成对相对的工作中心的能力需求。该生产计划可以是由综合计量单位表示的生产计划大纲，也可以是产品、产品组的较详细的 MPS。将粗能力需求计划用于生产计划大纲或 MPS，并没有什么原则差别。

粗能力需求计划应用三种方式以机器负载报告来定义产能需求：

1）CPOF：所需数据和计算最少。

2）BOLA：使用每个产品在主要资源的标准工时的详细数据。标准工时是一个正常工人以平常的步调工作，生产一项产品一个单位再加上宽放的时间。所有零部件的标准工时已经考虑休息的宽放和延迟的宽放等。

3）RPA：除了标准工时的数据外，尚需要考虑前置时间。

计算理论：

粗能力需求计划在 MPS 之后运行，它只针对 MPS 生成的生产计划单进行计算。由于这时候还没有展开所有物料的需求，不可能对所有物料的需求进行计算，当然更无法对所有工作中心进行能力和负荷计算。一般根据粗能力需求计划计算的结果和计划员的经验对关键工作中心的负荷进行粗略的估计。在运行粗能力需求计划前，ERP系统需要了解下列五个方面的信息。

1）主生产计划单。由 MPS 生成，是粗能力需求计划计算负荷的主要数据来源，主要统计这些计划单中生产数量、计划开工日期和计划完工日期等信息。

2）工艺路线中关于物料在关键工作中心的工作时间。
3）工厂日历中关于工作日和非工作日的定义。
4）工作中心能力数据，根据工作中心设备数、效率、利用率、班次和工时等计算得出。
5）在给定时间内，关键工作中心已经被占用的工时数。

## 1.5 实验数据处理方法


## 1.6 参考文献

刘勇. 2009. 最优化方法在 ERP 能力需求计划中的应用研究[D]. 成都理工大学硕士学位论文.

指导教师对实验设计方案的意见：

签名：　　　　年　　月　　日

## 2. 实验报告

### 2.1 实验目的、设备及材料、理论依据、实验方法步骤及注意事项见实验设计方案

### 2.2 实验现象、数据及结果

第一步，建立关键中心资源清单。资源清单说明每种产品的数量及各月占用关键工作中心的负荷小时数，同时与关键工作中心的能力进行对比。（CRP 的负荷，只考虑准备时间和加工时间，即实际占用工作中心的时间。）附表 1 是一个资源清单。

附表 1　资源清单

| 需求 |||||| 供应 ||||
|---|---|---|---|---|---|---|---|---|---|
| 产品 |||||| 关键工作中心 ||||
| | A | B | C | ... | 编码 | 名称/能力单位 | 月能力/h |||
| | | | | | | | 需用 | 可用 | 最大 |
| 数量/台 | 15 | 60 | 20 | ... | | | | | |
| 工作中心负荷/h | 20 | 80 | 30 | ... | 1100 | 数控冲床/h | 130 | 140 | 150 |
| | 40 | 120 | 50 | ... | 4230 | 大立车/h | 210 | 256 | 320 |
| | 130 | 150 | | ... | 4700 | 铣镗床/h | 280 | 240 | 300 |
| | 80 | 300 | 120 | ... | 5200 | 装配/$m^2$ | 500 | 500 | 500 |

第二步，判定各时段能力负荷。在产品的计划期内，对超负荷的关键工作中心，要进一步确定其负荷出现的时段。MPS 的计划对象主要是产品结构中 0 层的独立需求型物料，但是这个独立需求件的工艺路线中（如装配工艺）往往并不一定含有关键工作中心。对这个产品来讲，它涉及的关键工作中心往往在其下属低层某个子件的工艺路线上出现。

如附图 1 中，X、Y 是独立需求件，B、C 是 X 的下层物料，M、N 是 Y 的下层物料，它们都要使用同一个关键工作中心。这些物料使用关键工作中心的日期同最终产品完工日期之间的时间间隔，称为偏置天数或提前期偏置。计算关键工作中心负荷时，只有说明发生这个负荷相对于 MPS 最终产品完工日期的偏置天数，才能说明出现超负荷的具体时段。偏置天数由 BOM 文件中的累计提前期推算确定。

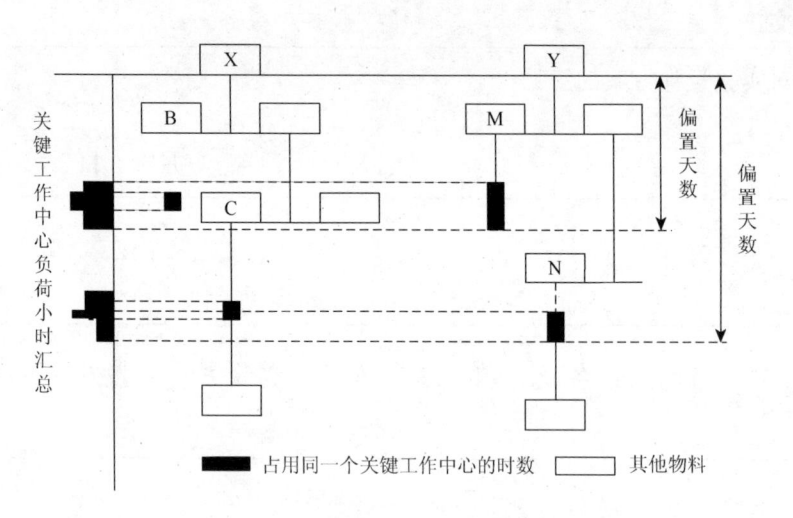

附图 1　关键工作中心偏置天数

第三步，生成粗能力需求计划。

粗能力需求计划＝工作中心资源清单＋时段负荷情况。

第四步，分析各时段负荷原因。随着粗能力需求计划的生成，各时段工作中心的负荷量已经比较清楚，此时管理者关心各时段造成工作中心超负荷的起因。起因中包含引起超负荷的产品及其部件的编号和名称，该部件在 BOM 中所处的位置，以及部件加工时所占用资源情况的详细信息等，这些信息将帮助计划制订者在物料需求和生产能力之间寻求平衡。

第五步，调整生产能力和需求计划。粗能力需求计划过程的尾部环节将会对生产能力和物料需求进行初步的平衡性调整。如果粗能力需求计划的计算表明存在能力或资源的短缺，那么，在批准 MPS 之前，必须解决这一问题，或者增加能力或资源，或者调整 MPS。如果必须调整 MPS 以协调资源短缺，那么，这种调整一定要反映在最后的 MPS 中。

原则上的调整方法有减轻负荷和增加能力两种，如延长交货期、取消部分订单、加班加点和增加设备等。

由附表 1 可知，某一个月 3 种产品 A、B、C 的负荷情况，表明该月铣镗床能力有问题，但没有超过最大能力，有可能通过加班解决。

### 2.3 对实验现象、数据及观察结果的分析与讨论

### 2.4 结论

### 2.5 实验总结

#### 2.5.1 实验成败之处及其原因分析

粗能力需求计划可以对 MPS 的能力满足情况进行测算。ERP 系统应该能够提供粗能力负荷的评估，以帮助计划人员及时了解 MPS 的生产能力满足情况，便于进行相应的能力和负荷的平衡。当出现能力和负荷不匹配时，应该进行调整：既可以通过减少负荷的方式调整 MPS，也可以通过调整能力的方式（如加班和加点等）来平衡能力和负荷。但需要注意的是，粗能力只是计算了部分物料在关键工作中心的负荷，再经过 MRP 计算后，可能还会有更多物料需要占用关键工作中心的能力。

所以，在进行能力和负荷匹配时，如果采用调整能力的方式进行平衡时，应该考虑该情况，否则可能出现粗能力需求计划计算时能力和负荷平衡，但经过细能力需求

计划计算后，关键工作中心依然超过负荷，且此时已经无法再调整其能力，只能调整计划，从而导致整个生产节奏不均衡，也打乱了 MPS。

执行粗能力需求计划时具以下优点：①可用粗能力需求计划进行生产计划可行性的分析与评价；②关注关键资源，而不是面面俱到，使系统计算效率更高；③CRP 的编制比较简单，计算量少；④涉及的基础数据相对较少，企业应用比较简单，可以很快上线；⑤通过粗能力需求计划也在一定程度上减少了后期 CRP 的核算工作。

但也存在以下不足：①忽略了已下达未完工的生产计划的影响，无法反映计划的实际变化；②只包含关键工作中心的能力和负荷，无法彻底保证其可信度；③粗能力需求计划是一个面向中期的能力需求计划，对短期计划效果不明显。

粗能力需求计划的主要特点包括：①只计算 MPS 物料的需求；②只计算关键工作中心的负荷和能力；③需求来源单据可以是计划或审核状态的计划订单和计划、审核或下达状态的生产任务单；④计算时不考虑需求来源单据的生产类型。

所以，在 MPS 中编制完成 MRP 后，必须对全部展开的 MRP，进行全面的能力和负荷匹配，即通过 CRP 进行计算，以全面核实企业能力是否能够满足生产计划的需求。

### 2.5.2　实验的关键环节及改进措施

（1）做好实验需要把握的关键环节




（2）若重做实验，为实现预期效果，仪器操作和实验步骤的改善




### 2.5.3　对实验的自我评价




指导教师评语及得分：

签名：　　　年　　月　　日

## （四）
大连理工大学

# 本科验证性实验报告

（生产任务管理仿真实验）

姓名_____    学院_____

专业_____    班级_____

实验课程名称_____

指导教师及职称_____

开课学期至_____学年_____学期

上课时间_____年____月___日

# 1 实验设计方案

| 实验名称：生产任务管理仿真实验 | 实验时间：×××        |
|--------------------------------|----------------------|
| 小组合作：是○否○   小组成员：×××，×××         ||

## 1.1 实验目的

1) 了解生产计划主要内容和作用，掌握其订立过程。
2) 了解生产计划的作业准备。
3) 了解生产过程控制内容。
4) 了解交货期的保证管理、生产瓶颈、生产异常时的处理方法。
5) 了解企业生产任务的管理过程。

## 1.2 实验设备及材料

精益生产管理教学系统；客户端 PC。

## 1.3 理论依据

### 1.3.1 什么是生产计划

生产计划简单地说，是"什么时候在哪个单位，由谁做什么，做多少"的作业计划。其实质为：一方面为满足客户要求的三要素（交期、品质、成本）而计划；另一方面，使企业获得适当利益，并为生产的三要素（材料、人员、机器设备）做适当准备而进行分配及使用的计划。

生产计划是各项生产活动的目标与基准，如果没有生产计划或计划不周详，对日常的生产活动会产生很多不良影响，生产活动则不可能顺畅展开。

### 1.3.2 生产计划的类型

1) 需求生产型。销售部门根据产品、市场状况以往销售业绩、增长速度和销售方法等做销售预测，根据此预测来设定最低的成品存量，而有计划地进行生产的一种类型。
2) 订单生产型。不进行销售预测，接到客户订单后即安排生产的一种类型。两种生产计划类型的比较见附表1。

附表1 两种生产类型的比较

| 项目 | 类型 ||
| --- | --- | --- |
|  | 需求生产型 | 订单生产型 |
| 订货（接单）方式 | 假定不特定多数的顾客需求计划生产 | 按客户的订货生产 |
| 产品的规格 | 考虑多数的顾客，事先确定 | 按客户的要求，变化多 |
| 生产的反复性 | 连续性，反复性大 | 因规格等变化多，反复性小 |
| 生产的批量 | 比较大 | 通常较小 |

续表

| 项目 | 类型 | |
|---|---|---|
| | 需求生产型 | 需求生产型 |
| 库存 | 不但持有原材料、在制品库存，也持有成品库存 | 持有原材料、零部件，有时持有在制品库存但基本无成品库存 |
| 生产设备 | 备有专用机的情形较多 | 使用通用机械的情形较多 |
| 生产编组 | 依加工系列、产品形状的生产线别组成的情形较多 | 依机械别配置，使之具有通用性 |

### 1.3.3 生产计划的作用

通常生产计划都是预先做好下月、下周的生产计划，由于事先安排好了工作进度，各部门可以很容易控制生产成效。在生产计划排程定案前，将所有可能预期会发生的问题解决掉，因此，可以节省时间并减少成本。生产计划主要有以下作用：

1）可以很容易看出各部门与每一机器的工作负荷。
2）机器时数都是预先安排好的，可以一目了然，心中有数。
3）制造部门的组长、领班可利用所列出的工作标准。
4）周生产计划可以进一步分解成日计划，以供基层生产管理人员控制。
5）可明显看出机器超过负荷或机器使用率偏低，以便做适当的调整。

### 1.4 实验方法步骤及注意事项

产品的生产过程是指从原材料投入生产开始，直到成品检验合格入库为止所经历的全部过程。合理控制生产过程可以使产品以最短的路线、最快的速度、最优良的品质通过生产过程的各个阶段，也可以使工厂的人才、物力和财力得到充分利用，确保生产任务完成、交期满意。生产过程具有连续性、比例性、节奏性、适应性的特点。本书从这四个特点出发，阐述现场生产过程的控制。

当生产作业准备做好以后，根据安排好的作业顺序和进度，要将生产作业任务派发到各个生产员工身上，进行生产调度的重要方式是使用生产调度单。主要方式包括以下三种。

（1）加工路线单

1）加工路线单又称长票、跟单和工件移动等，是以零部件为单位，综合地发布指令，指导生产员工根据既定的工艺路线顺次地进行加工。加工路线单跟随零部件一起转移，各道工序共用一张生产指令。

2）加工路线单的优缺点。其优点是有利于控制在制品的流转，加强上下工序的衔接；缺点是一票跟到底、周转环节多、时间长、容易丢失、不易及时掌握情况。

3）适用范围。这种形式适用于生产批量小的零部件，或虽然批量大，但工序少、生产周期短的零部件。

（2）单工序工票

1）单工序工票又称短票和工序票等，是以工序为单位，一序一票。

2）优缺点。单工序工票的优点是周转时间短，使用比较灵活，可以像使用卡片那样，按不同要求进行分组、汇总和分析；其缺点是一序一票，工作量较大。

3）适用范围。对批量大的零部件，使用这种调度单比较适宜。

（3）传票卡

为了保证各工序之间的衔接，可以采用"传票卡"这种凭证作为辅助工具。传票卡是一张卡片，预先填好制品的名称、规格、质量、重量、加工地点、运送地点、工位器具及容量等项目。每张传票卡固定代表一定数量的制品（如一张一件或一张十件等），而传票卡必须随同实物一起流转。

## 1.5 实验数据处理方法

## 1.6 参考文献

指导教师对实验设计方案的意见：

签名：　　　年　　月　　日

# 2 实验报告

### 2.1 实验目的、设备及材料、理论依据、实验方法步骤及注意事项见实验设计方案

### 2.2 实验现象、数据及观察结果

2.3　对实验现象、数据及观察结果的分析与讨论

2.4　结论

2.5　实验总结

2.5.1　实验成败之处及其原因分析

### 2.5.2 实验的关键环节及改进措施

（1）做好实验需要把握的关键环节

（2）若重做实验，为实现预期效果，仪器操作和实验步骤的改善

### 2.5.3 对实验的自我评价

指导教师评语及得分：

签名： 年 月 日

（五）
大连理工大学

# 本科验证性实验报告

（库存管理仿真实验）

姓名_____    学院_____
专业_____    班级_____
实验课程名称_____
指导教师及职称_____
开课学期至_____学年_____学期
上课时间_____年____月___日

## 1 实验设计方案

| 实验名称：库存管理仿真实验 | 实验时间：×××  |
|---|---|
| 小组合作：是〇否〇 | 小组成员：×××，××× |

1.1 实验目的

1）理解和掌握熟悉仓库管理员管理职能。

2）熟悉企业产品的相关资料。

3）了解货物进出仓库的工作及库存记录。

1.2 实验设备及材料

精益生产管理教学系统；客户端 PC。

1.3 理论依据

（本部分由学生课前查阅文献完成预填写）

1.4 实验方法步骤及注意事项

（本部分由学生课前完成实验方案预设计）

1.5 实验数据处理方法

1.6 参考文献

指导教师对实验设计方案的意见：

签名：　　年　月　日

## 2　实验报告

| |
|---|
| 2.1　实验目的、设备及材料、理论依据、实验方法步骤及注意事项见实验设计方案 |
| 2.2　实验现象、数据及观察结果 |
| 2.3　对实验现象、数据及观察结果的分析与讨论 |
| 2.4　结论 |

## 2.5 实验总结

### 2.5.1 实验成败之处及其原因分析

### 2.5.2 实验的关键环节及改进措施

（1）做好实验需要把握的关键环节

（2）若重做实验，为实现预期效果，仪器操作和实验步骤的改善

### 2.5.3 对实验的自我评价

指导教师评语及得分：

签名： 　　年　　月　　日

（六）

大连理工大学

# 本科验证性实验报告

（质量管理仿真实验）

姓名_____　　学院_____

专业_____　　班级_____

实验课程名称_____

指导教师及职称_____

开课学期至_____学年_____学期

上课时间_____年____月___日

## 1 实验设计方案

| 实验名称：质量管理仿真实验 | 实验时间：×××|
|---|---|
| 小组合作：是○否○ | 小组成员：×××，××× |

### 1.1 实验目的

1）理解和掌握质量管理相关知识。

2）了解质量管理业务操作。

### 1.2 实验设备及材料

精益生产管理教学系统；客户端 PC。

### 1.3 理论依据

（本部分由学生课前查阅文献完成预填写）

### 1.4 实验方法步骤及注意事项

（本部分由学生课前完成实验方案预设计）

### 1.5 实验数据处理方法

### 1.6 参考文献

指导教师对实验设计方案的意见：

签名：　　　年　　月　　日

## 2 实验报告

| |
|---|
| 2.1 实验目的、设备及材料、理论依据、实验方法步骤及注意事项见实验设计方案 |
| 2.2 实验现象、数据及观察结果 |
| 2.3 对实验现象、数据及观察结果的分析与讨论 |
| 2.4 结论 |

## 2.5 实验总结

### 2.5.1 实验成败之处及其原因分析




### 2.5.2 实验的关键环节及改进措施

（1）做好实验需要把握的关键环节




（2）若重做实验，为实现预期效果，仪器操作和实验步骤的改善




### 2.5.3 对实验的自我评价




指导教师评语及得分：

签名：　　　年　　月　　日